작가님
작가님
우리 작가님

원정란

2012년 《에세이문학》으로 등단했다.
계간 《에세이피아》·계간 《에세이문학》 주간을 역임했다.
현재 일현수필문학회 회장과 수필 강의를 하고 있으며,
도서출판 라니楝柅의 대표를 맡고 있다.
수필집 《백조를 날게 하라》(2017년)와
    《작가님 작가님 우리 작가님》(2024년)을 출간했다.

e-mail : goldwon88@naver.com

표지 디자인 및 그림 _ 일현 손광성

작가 님 작가 님 우리 작가님

원정란 수필집

도서출판 라니

추천사

Shall We Dance?

손광성

가끔 작가는 깊이에 대한 강요를 받고 있다. 그 결과 엄숙주의 무게에 짓눌려 지낼 수밖에 없다. 특히 '70년대까지 지적 엘리트들의 독무대였던 수필에서 그런 현상이 두드러졌다.

그러나 '80년대 이후 빛을 잃기 시작한다. 수필가의 남녀 성비가 역전되면서부터다. '70년대 수필가의 남녀 성비는 8:2였다. 그러나 1980년 동아일보사가 '문화주의'를 표방하며 '동아문화센터'를 개설한 후 여성 수필가들이 대거 등장하면서 남녀의 성비가 2:8로 역전되었다.

이와 같은 성비 역전은 수필 문학에 많은 변화의 바람을 일으켰다. 관념적인 글에서 감각적인 글로, 계몽적인 글에서 향유적인 글로, 지적인 글에서 정적인 글로 바뀐 것이다. 다시 말해서 한국 수필의 성격이 전보다 다양해지고 풍요로워졌다는 이야기다. 더 이상 일방적인 깊이에의 강요는 먹혀들 자리가 없다. 엄숙주의가 이 시대의 트렌드가 아니듯이 유연함은 나약함이 아니고 경쾌함은 경박함이 아니다.

   원정란의 글은 활기차다. 물수제비를 뜰 때 조약돌이 수면을 차고 튀어 오르듯이 그의 문장은 읽을수록 탄력이 붙는다. 산문의 보폭에 운문의 춤을 가미했다고 할까? 사실 인생은 한 마당 춤일지도 모르니까. 때로는 살사로, 때로는 탱고로 산문의 우여곡절을 역동적으로 풀어간다. 이 밝은 대명천지에 왜 인상을 찌푸리느냐고 묻는다. 삶을 향유하란다. 인생의 골목을 파워워킹으로 활기차게 걷듯 그의 문세文勢는 주춤거림이 없다. 그렇다고 해서 그의 인생행로가 꽃길만 있었다는 이야기는 아니다. 그도 운다. 〈아버지의 엑스란 내의〉

에서 독자는 그의 눈물과 만난다. 먹구름이 걷힌 후의 맑은 하늘. 그래서 그의 웃음은 더욱 투명한지도 모른다.

 일상이 지겹거든 그의 글을 읽어보라고 권하고 싶다. 이 작가는 페이지터너다. 어느 글이나 술술 잘 읽힌다. 그는 우리에게 손을 내민다. 글의 리듬에 맞추어 한 곡 추자는 것이다.

 "Shall we dance?"

 그렇다고 해서 그의 수필이 정답이란 이야기는 아니다. 문학에는 정답이 없다. 인생에 정답이 없기 때문이다. 글은 작가의 개성에 따라 천차만별 달라질 뿐이다. 아니, 달라져야 한다. 나는 지금까지 수필의 다양성을 주장해왔다. 글은 이래야 한다 저래야 한다고 말하지 말자. 글은 이래도 되고 저래도 된다고 말하자. 수필의 풍요로운 개화는 다양성이라는 토양에서만 가능하다고 생각하니까.

책을 내면서

내 인생에는 세 분 스승님이 계신다.
법의 스승이신 대행 큰스님,
육의 스승이신 원현준 나의 아버님,
그리고 문학의 스승이신 손광성 선생님이시다.
세 분의 가르침이 아니었으면
나의 삶이 한참 빈곤했을 것이다.
깊이 감사드린다.

평범하고 사소한 것들이 나의 언어로 다시 태어난다.
쓰는 행복을 제공하는 일상이 고맙다.

나만의 방을 존중해 준 남편 신현준 님과
늘 한마음이 되어 준 어머니와 승화, 지현, 승현이,
사위 월프레드와 현규, 손녀 해준, 동생들 내외에게
고마움을 전한다.
그리고 두 번째 책에 목이 길어진 뜨거운 지인들과
언제나 응원에 넉넉한 일현수필문학회 회원님들,
한마음선원 스님과 도반들께 감사의 합장을 올린다.

2024년 새해

유정란

차 례

추천사_ Shall We Dance? 손광성 5
책을 내면서 8

1. 작가님 작가님 우리 작가님

타투는 사인signature이다 18
미드나이트 랩소디 23
작가님 작가님 우리 작가님 28
번지 없는 주막 34
엄마는 원더우먼 40
일주일에 사흘 나는 한강에 투신한다 45
공개수배합니다 49
충남 방앗간 54
백조, 날다 59

2. 호모 해피니쿠스

신문으로부터의 사색 66

공항 가는 길 72

호모 해피니쿠스 77

왼손의 귀환 82

이천십구년 특별하게 눈이 부셨던 88

김 세뇨르señor 93

리빙코랄 같은 삶 99

세 가지 호칭에 대한 생각 104

슈퍼 울트라 맘 109

3. 속세에서 극락을 만나다

숨바꼭질 118
떡볶이 창고 122
속세에서 극락을 만나다 127
동그란 하트 132
쥐꼬리와 소꼬리 137
사치라는 이름으로　140
만주 땅은 나의 것 144
갑순이의 하루 150
일상에도 마취가 필요하다 156

4. 손익분기점을 넘다

그·리·다 162
아프니까 중년이다 169
손익분기점을 넘다 175
말의 위력 182
웃고 있는 피에로가 되고 싶다 186
남다른 눈빛으로 190
초대하지 않은 손님 195
목소리에도 표정이 있다 200
사건의 지평선을 넘어 205

5. 사람, 그 속으로

아버지의 길 212
센터가 아니라 사이드 218
어느 별에서 오셨나요 223
누명을 벗다 226
양들을 키우는 여자 231
안녕하세요~ 235
원 여사의 도전 240
당신은 내가 불러야 할 노래 244
사람, 그 속으로 249

1. 작가님 작가님 우리 작가님

타투는 사인signature이다
미드나이트 랩소디
작가님 작가님 우리 작가님
번지 없는 주막
엄마는 원더우먼
일주일에 사흘 나는 한강에 투신한다
공개수배합니다
충남 방앗간
백조, 날다

타투는 사인signature이다

 내 안에는 세 마리의 견공이 살고 있다. 편견, 선입견, 그리고 고정관견. 고정관념의 관도 볼 관이니 볼 견이나 마찬가지이다. 그것이 어찌나 지독한지 한번 물면 놓지 않아 자주 회의와 후회를 오락가락한다. 다행히 마음공부와 명상으로 저들의 이빨을 무디게 했지만 오래된 습혈처럼 쉽게 물러서지 않는다. 타투에 대해서도 그랬다. 거부감과 불쾌감을 앞세워 으르렁거렸다.
 운전을 좋아하는 대가로 왼쪽 손등에 검은 점들이 피어났다. 햇빛이 주범이긴 해도 요리하다 튄 기름, 국물도 공모했다. 몇 년 전 피부과에서 레이저로 그것을 제거했을 때 마취해도 살 타는 냄새만큼 아팠고, 몇 날 며칠 불편을 감수해야 했다. 희끄무레한 레이저 자국에 거무스름한 흔적까지, 돈 들이고 고생한 결과는 후회막급이었다. 하긴 무릎 꿇고 손등에 키스해 줄 기사도 없으니 대충 살기로 했다.

그러나 팔뚝은 달랐다. 소매가 길면 속이 답답해 걷어붙이는 습관 때문에 신경이 쓰였다. 전생에 삿대질을 즐기던 점방 아낙이었는지 겨울에도 툭하면 소매를 추켜올려 세상에 드러났다. 왼 팔뚝에 생긴 검버섯이 하나둘 늘더니 급기야 북두칠성을 만들었다. 긴소매를 입어 감춘다고 해도 어느새 걷어올린 팔뚝이 시선을 탔다. 보통 거슬리는 게 아니었다. 그렇다고 손등처럼 시행착오를 할 수는 없었다.

궁하면 통한다? 묘수가 떠올랐다. 북두칠성 위로 살짝 타투를 하면 어떨까? 파격적 아이디어에 깍두기 형님들이 몰려왔다. 전신에 새긴 무지막지한 용과 호랑이, 섬뜩한 글자가 생각의 싹을 잘랐다. 힙합 전사나 로커, 헤비메탈 뮤지션의 목덜미와 어깨, 팔다리를 점령한 국적 불명의 요괴스러운 것들도 거들었다. 그것은 도저히 용납할 수 없는 불량 행위였다. 그게 묘책이라고 동한 내가 한심했다.

그 해 여름방학 때 늦둥이가 한국에 들어왔다. 허기진 회포를 풀며 맛집을 전전하다가 디저트를 먹는 중에 무심코 얘기가 나왔다.

"나 말야, 이 북두칠성 위에 타투를 하면 어떨까 생각했다?"

"엄마, 기가 막힌 생각인데, 당장 알아볼까?"

순식간에 뒤집기가 들어왔다. 불량 행위, 한심, 이런 단어가 끼어들 틈이 없었다.

"아니, 그게, 그러니까…."

말꼬리가 붙기도 전에 일사천리로 상담을 예약했다. 마침 가까운 거리에 있다며 당황하는 발설자를 다독거렸다. 조선 팔도에서 유일무이 막강한 나의 우군다웠다.

"당장 하는 게 아니니 안심하셔."

큰 사거리를 지나 뒷골목을 따라 허름한 건물 이층으로 끌려갔다.

"그래, 정말 상담만 하는 거다."

머릿속이 복잡했다. 세 마리 견공도 나를 몰아세웠다. 어쩌려는 거야? 나이가 몇인데 지금? 음침한 공간에서 눈빛 게슴츠레한 아저씨한테 돈만 뜯기는 거 아냐?

벨을 눌렀다. 문을 여는데 빼꼼히 쳐다본 실내가 갤러리 같았다. 젊은 레이디의 살굿빛 미소도 전문가처럼 보였다. 방망이질하는 심장은 가라앉고 신뢰감이 급등했다. 늦둥이의 설명을 들은 타투이스트가 내 팔뚝을 진단하더니 원하는 그림이나 문구가 있냐며 당장 시술을 할 것처럼 말했다. 나는 '상담만 하러 온' 사실은 까맣게 잊고 홀린 듯 의자를 당겨 앉았다. 그녀는 컴퓨터로 여러 가지 폰트를 보여주었다. 신세계가 펼쳐졌다. 다양하고 독특한 디자인과 수많은 글씨체가 서로 뽑히려고 아우성치고 있었다.

'펄쩍', '도저히', '용납 불가'는 유배를 보냈다. 그래 놓고 음흉하게 언제 생각해 놓았는지, 거침없이 북두칠성을 따라 길게 'Hanmaum juingong'을 새기고 싶다 했다. 누구와도 '한마음'으로, 언제나 '주인공'처럼 살겠다는 의지를 새기고 싶었다. 글씨체를 고르자 시술 과정은 일사천리였다. 끙끙 앓았던 눈썹 문신보다 훨씬 덜 아파 참을 만했다. 그런 모습을 보고 타투이스트가 요즘은 50, 60대 손님이 대세라고 했다. 이유는 '더 늦기 전에?'라고 하니 내 잠재의식 속에도 혹여 그런 뜻이 들어 있었던 것은 아니었을까?

어찌 되었건 결과는 멋졌다. 예상했던 것보다 훨씬 맘에 들었다. 일곱 개의 점은 사라지고 세련된 사인signature이 그 자리에 들어섰다. 아! 이런 거구나. 이런 만족감에 타투를 하는구나. 단지 내 몸의 불편을 감추었을 뿐인데, 마치 어떤 권리를 부여받은 느낌이 들었다. 겨우 열다섯 글자에 선구자라도 된 양 급기야 세기의 여장부 논개, 김만덕, 명성황후, 유관순, 김마리아 얼마 전 〈미스터 션샤인〉에서 대활약을 한 고애신까지 일렬로 모시고는 맨 끝에 으스대듯 팔짱을 끼고 섰다.

사람들 반응도 재미있었다. 팔뚝을 보면 일단 놀라워했다. 어떤 선배님은 '지워지는 거지?' 단정적으로 물으셨다. 나는 당연히 그렇다고 대답했다. 걱정을 덜기 위해 4분의 3은 거짓말을 했고, 4분의 1은 이실직고했다. 고백에 대한 소감은 대체로 '미쳤다, 대범하다, 하다 하다 별 짓을 다 한다.'였고 그중 극소수가 '우와! 멋져, 대단하다, 역시 너답다.'였다. 필라델피아와 홍콩의 두 딸에게 사진을 찍어 보냈더니 신세대인 녀석들도 카톡에 비명을 질렀다.
"꺅, 엄마 진짜야? 정말 한 거야? 헐, 울 엄마 대박!"
그 일탈은 나에게 큰 의미로 남았다.
노쇠한 견공 세 마리를 벗어나니 새로운 세상을 만나게 되었다. 그것은 의외로 신선했고 의외로 단순했다. 완고한 일방통행에 노란 중앙선을 하나 쭉 그었더니 길 하나가 생긴 것이다. 쌍방 통행은 보다 의식이 확장되고 시야가 넓어졌다. 스스로에게 '언제, 어디서, 무엇을, 어떻게, 왜' 하던지 자유를 위한 갈망과 개성을 만끽하고픈 열정에 도전해 보라고 미리 결재도 해 준 셈이다.
본격적인 노출의 계절이다. 팔뚝에 노골적으로 드러날 열다섯 레터링, 그것이 끌고 갈 나의 미래가 몹시 궁금하다.

(2020년 《좋은수필》 10월호, 2021년 《선수필》 봄호)

미드나이트 랩소디

    2018년 끝자락에 '퀸'이 우리 극장가를 강타했다. 어찌나 거세었던지 나처럼 프레디 머큐리에 부정적이던 사람들도 대부분 돌려세웠다. 아니 내 경우는 그 정도가 아니라 왕팬이 되었다. 〈보헤미안 랩소디〉는 비틀즈에 버금가는 퀸의 천재성을 만천하에 드러내는 영화였다. 수필 한 편을 낭송하는 것처럼 6분이나 되는 그 긴 곡의 이중적 의도는 유튜브를 타고 감동을 끌어냈다. 보헤미안은 집시의 일종이고 랩소디는 광시곡, 미친 시 같은 노래. 보헤미안 랩소디는 불광불급不狂不及을 증명한 셈이었다.
    살면서 단 한 번이라도 무언가에 미치고 싶었다. 사람이나 일이나, 아니면 물건이라도. 그런 갈구에도 불구하고 미치게 빠졌던 적이 없다. 그것은 곧 어떤 것도 완벽한 경지에 이르지 못했다는 것을 증명하는 슬픈 개인사가 되었다.

김형석 옹이 《100년을 살아보니》에서 '인생의 황금기는 60세에서 75세까지'라고 역설하신 것을 읽고 기뻤다. 장장 15년이 황금기라면 한 번은 미칠 수 있겠구나 싶어, 슬그머니 욕망의 주먹을 쥐었다. 그런데 얼마 전부터 다른 차원의 미칠 일이 벌어지고 있었다.

 12년 만에 이사하면서 몇 가지 새 가구를 장만했다. 침대를 살 때 매장 직원이 싱글로 두 개를 권했다. 수면의 질 때문에 요즘 추세가 그렇다면서. 그런데 권하는 직원은 무색하고 나는 민망하게 남편은 단호하게 말했다.

 "우린 같이 자야 해요. 따로 자는 것은 절대 있을 수 없습니다."

 갑자기 훅 들어와 어떻게 수습할 수가 없었다. 듣기에 따라 오해의 소지가 있어 졸지에 주책없고 남우세스러운 중년 부부로 몰렸다.

 할 수 없이 그렇게 했다. 대신 광고에서 볼링공을 떨어뜨려도 옆 사람이 흔들리지 않는다는 침대를 샀다. 슈퍼 킹이다 보니 침대 양쪽에 누우면 가운데 한 사람이 누워도 되는 크기였다. 그럴 바에야 세련되게 싱글로 두 개 놓으면 얼마나 좋을까. 나중에 얘기를 전해 들은 친구들은 깔깔대며 촌스럽다고 나를 측은해했고 나는 그녀들의 싱글베드를 동경하게 되었다.

 세월 앞에 버티고 선 양대 산맥이 건망증과 코골이다. 건망증이야 자타 공인 일등 주범이지만 코골이는 변방의 부랑자처럼 존재감이 없다고 생각했다. 그런데 들어보니 의외로 코골이로 괴로워하는 사람이 많았다. 후배도 남편 코골이 때문에 수면 클리닉엘 다녀왔는데 환자가 많은 것을 보고 놀랐다고 했다. 하룻밤을 입원해 수면다원검사를 받고 그것이 숙면을 방해하고 뇌 질환, 심장마비, 성 기능 저하 등 다른 병의 원인이 된다는 사실을 전했다. 다행히 수술까지는 안 해도 되는 상태라 양압기라는 기구를 사용한 당일부터 코골이가 딱 멈췄고, 각방을 쓰며 아슬아슬하던 부부 사이도 회복 분위기로 돌아섰다고 했다.

내 남편은 그 정도는 아니었다. 옆으로 눕게 하면 그쳤는데 올겨울부터 심각해졌다. 옆으로 누워도 탱크 소리가 멈추지 않았다. 드르렁은 기본, 입술을 부르르 떨다 휘파람을 불 듯 숨을 내쉬고, 갑자기 무호흡이 되었다가 숨비소리처럼 10초 후 되돌아오고, 심지어 코골이 끝에 잠꼬대처럼 비명을 지르기도 했다. 그런 날은 자는 모습도 무척 힘들어 보였다.

짚어 보니 35년간 다니던 직장의 정년을 코앞에 둔 시점이었다. 미리 대비했음에도 불구 압박감이 심했던 것 같다. 평생을 바친 곳이라 절해고도에서 거친 바람을 혼자 맞는 심정이었을까. 나름 힘이 되고 싶어도 두견새 같은 심정은 오로지 그의 몫이었다. 밤마다 지친 육신을 눕히면 영혼이 노래를 불러댔다. 그렇게 덜어내야만 버틸 수 있었을 것이다. 사방에 난무하는 상실감에서 벗어나려면.

다행히 흐르는 것은 세월만은 아니었다. 미래에 대한 두려움, 불안함, 회한도 둥둥 흘러 내려갔다. 새로운 한 해를 맞이하면서 새로운 곳에서 원하던 연구를 계속하게 되었다. 가는 인연 잡지 않고 오는 인연 막지 말라는 대행 선사의 말씀처럼, 순리대로 받아들이니 적당하게 바빠졌고 격하던 코골이도 많이 누그러졌다.

어느 날, 아침에 일어나니 남편이 거실 소파에서 자고 있었다. 의아해하는 나를 보고 걱정을 담은 푸념을 했다.

"당신 코 고는 소리가 장난이 아냐."

살다 살다 별소리를 다 듣는다 싶었다.

"헐, 내가? 당신이 아닌 내가?"

무슨 소리를 하는지, 그 상황을 받아들이기 힘들었다.

"아니, 그럼 내 코 고는 소리 때문에 소파에서 잔 거야?"

"늘 그 정도는 아닌데, 어제는 피곤했는지 대포 소리 같았어."

미칠 일이었다. 딴에는 고상하게 똑바로 누워 잘 잤다 싶었는데. 내가 남편을 능가하는 코골이를 하다니? 도저히 믿기지 않은 일이 벌어진 것이다. 저번 여름에 딸들이 놀리길래 피곤하니까 그랬겠지 싶어 귓등으로 스쳤는데. 지금 내 나이 때 친정엄마의 코골이에 놀랐던 내 모습이 떠올랐다. 더군다나 피신할 정도라면 볼륨이나 사이즈가 엄마 수준은

애저녁에 넘어선 거라 할 말을 잃었다.

지금까지 코골이는 남편의 독무대인 줄만 알았다. 남편도 나만의 랩소디로 알고 있다. 그러나 우리가 같이 정신없이 곯아떨어진 숱한 밤, 둘이 한 침대에 나란히 누워 신나게 듀엣으로 열창하고 있다는 사실.

"이지 컴 이지 고우(easy come easy go),

리틀 하이 리틀 로우(little high little low)."

그도 모르고 나도 모른 채 서로 앞다투며 클라이맥스로 치달았을 것이다.

"갈릴레오 갈릴레오~."

드디어 내게도 미칠 일이 생겼다. 그러나 어쩌랴. 그냥 금실 좋은 부부라 밤마다 공연을 하는 거라고 유들거릴 수밖에.

우리 부부는 '미드나이트 랩소디' 전문 가수다.

(2019년 《좋은수필》 봄호)

작가님 작가님 우리 작가님

지지부진했다. 3년의 공백 때문이었다. 2018년부터 수업을 시작했으니 햇수로 6년이 되지만 마스크에 갇힌 시간이 절반을 훔쳐 갔다. 줌으로 수업하기엔 연세 높은 수강생이 걸렸고, 개인적으로는 '화면발'을 안 받는다는 이유가 천 일 동안 다리를 뻗고 쉬게 했다.

그사이 수강생이 떠났다. 50대 두 사람은 글보다 급한 '쩐의 현장'으로, 70대 네 분은 각각 육아와 지병과 낙향과 코로나에도 강행하는 수업을 찾아 떠나갔으며 불편한 다리가 더 심각해진 분위기메이커 80대는 집 안에 갇히셨다. 남은 학생이라고는 반장, 부반장, 총무뿐이었다.

긴 공백을 끝낸 수업 첫날, 텅 빈 교실이 신경 쓰였는지 일당백이라도 하겠다고 여섯 개 눈동자가 이글거렸다. 그 모습에 태극기 앞 맹세처럼 성의를 다하겠다 생각했지만, 다음 날인 금요일부터 토, 일, 월, 화, 수는 강좌의 존폐를 고민했다. 목요일이 되면 나의 N극과 그녀들의 S극이 번민의 날을 지우개로 지웠지만 다음 날부터는 6요일의 번뇌가 반복되었다. 그렇게 같은 패턴으로 3개월을 보냈다.

1분기를 마치고 미국에 가서 7개월짜리 손녀를 돌봐주기로 했다. 무골호인 세 사람은 거듭되는 휴강을 기꺼이 수용했다. 미국에 머무는 동안 수업 때문에 마음이 편치 않았다. 돌아가면 끝내야겠다고 생각을 굳혔는데 귀국을 앞두고 뜻밖의 톡을 받았다. 4명이나 새로 등록했다는 것이다. CCTV 천지인 대한민국답게 고새 내 속셈도 녹화되었는지, 섭섭하고 시원한 소식을 시절 인연으로 받아들이기로 했다.

돌아오는 비행기 안에서 다음 날 수업 준비를 했다. 시차로 몽롱했지만 새로운 얼굴을 만난다는 기쁨에 설렜다. 자기소개를 하는데 각자의 사연이 다채로웠다. 내 수업의 특징은 모든 수강생의 임원화이다. 반장, 부반장, 총무를 제외하고는 부장으로 임명한다. 대리는 성의가 없는 것 같고, 과장은 너무 흔하고, 이왕이면 진급이 힘든 부장이 좋았다. 수업을 들었던 류 부장, 최 부장, 조 부장님을 비롯해 다들 호칭에 만족해했다. 이번에는 두 사람이 같은 성씨라 최초의 차장님도 생겼다.

아는 동생, 그러니까 총무의 권유로 온 임 부장이 걸작이었다. 정식으로 수필을 배운 적이 없다는데 타고났다고나 할까. 일관된 주제로 글을 끌고 가는 솜씨나 제목을 끌어내는 실력이 예사롭지 않았다. 강의실이 살아났다. 모두에게 동기부여가 된 그녀는 일주일마다 한 편씩 써왔다. 전에는 남편만 따라다녔는데 지금은 남편 등을 떠민다니, 컴퓨터 앞에 앉은 아내가 예뻤는지 아니면 본인이 누리는 자유가 좋았는지 그녀의 남편은 적극적인 후원자가 되었다. 호칭도 '여보'에서 '작가님'으로 승격했고 아들 역시 본가에 오면 현관부터 '작가님, 저 왔어요.' 한다며 입을 가리고 웃는 그녀 눈은 초승달이었다. 어느새 타칭 '작가님!'이 되다 보니 본인도 쑥스럽게 작가가 된 착각이 든다며 그것을 내 공으로 돌렸다. 그 덕에 나는 매주 고래처럼 춤을 추었다.

나는 그녀가 부러웠다. 2012년에 등단을 하고 2017년에 책을 내며 공식 작가가 되었지만 내 남편은 한 번도 나를 정식으로 '작가'라 불러주지 않았다. 아니, 정확히 말하자면 작가로 부르지 않은 것은 아니다. 말로 다툴 때나 본인이 논리에 맞지 않아 어깃장을 놓고 싶으면 어김없이 '작가님'을 꺼내 피웅피웅 쏘아댔다.

"에구 그래 당신, 작가라서 잘났어."

"누가 작가 아니시랄까 봐."

"나 같은 소인배가 어떻게 작가님을 당해내겠어?"

아니 거기서 왜 유치하게 작가가 나오냐, 내가 작가라고 피해 준 일 있냐, 불리하면 작가를 들먹인다고 항의해도 그는 고장 난 카세트처럼 졸렬하게 작가를 남발했다. 그러나 웬 아이러니인지, 그것이 그만의 방식으로 인정하는 거다 싶어 기분이 나쁘지만은 않았다. 아무튼 같은 명칭인데 임 부장네 "작가님!"과 우리 안방의 '작가님?'은 온도 차가 상당히 컸다.

그런데 하늘은 무심하지 않았다. 둘째 딸 상견례 때 예비 사돈이 우리 부부에 대해 예습해 오셨다. 남편 이름 석 자를 치면 이력이 나오는 것은 알고 있으나 내 이름도 검색되는지는 몰랐다. 네이버에 첫 단행본 《백조를 날게 하라》가 뜬 것도 보고, 블로그에 소개된 작품도 읽었다고 하셨다. 책을 사고 싶어 서점에 갔더니 절판이라 했다고, 이 '절판'이란 단어에서 치명적인 오해가 생겼다. 책이 인기가 있어 다 팔린 것으로 아신 것이다. 자비출판으로 서점에 몇 부 안 깔았다고 고백해도 입력된 정보는 수정되지 않았다. 약속대로 책을 보냈더니, 그 후 본격적 해피엔딩이 시작되었다.

몇 달 후, 결혼 준비를 위해 싱가포르에서 들어온 둘째가 사돈 부부를 만났을 때였다. 내 책을 거의 외우다시피 하신 두 분은 여느 수필집에 비해 재미도, 묘사도, 가독성도 뛰어나다며 이런 대단한 분과 사돈을 맺게 되어 영광이라 했다고 한다. 그러면서 두 분은 말끝마다 나를 '안사돈' 대신 '원 작가님'이라 호칭하셨다니 사돈 궁합은 백 점 만점에 이백 점이었다. 집에 온 딸은 구름을 타고 이야기를 전했고 나 역시 구름에 올라타 과분한 전말을 들었다. 입꼬리가 귀에 붙었다.

"원 작가님이 다음 책에는 우리 얘기도 써주실까?"

두 분의 소박한 바람에 어깨가 무거워진다. 하지만 짐이 때로는 힘이 되는 법, 덕분에 분발하게 되었다.

작가를 꿈꾼 지 40년 만의 쾌거였다. 처음 수필 쓰기를 시작했을 때 선생님께서 문체가 유니크하니 열심히 쓰라고 격려하셨지만 대충하며 건방을 떨었다. 그래도 꼬박 수업을 들으며 서당개 5년 만에 라면 끓이듯 어찌어찌해낸 것이 첫 책이었다.

이번 주에도 유 부장은 〈인생은 뜨개질〉이란 작품을 써왔다. 뜨개질 가게를 내고 싶었으나 시어머니의 발병으로 포기한 내용이었다. 반장님을 비롯한 다른 임원도 창작에 열심이다. 너무도 인간적인 그녀들은 먹어야 힘이 난다며 삶은 감자와 고구마, 옥수수, 호박식혜, 직접 기른 제철 과일 등을 챙겨와 수업마다 간식이 넘쳐난다. 남들보다 굽이굽이 파란만장한 추억 부자인 그녀들은 헤밍웨이가 말한 좋은 작가가 되기 위한 최적의 조건을 갖춘 사람들이다.

매주 목요일 1시, 나는 수필로 통하는 모든 길에 초록 신호등을 켠다. 그리고 메가폰을 잡는다. 당신들은 이미 작가라고, 우리가 살아낸 모든 시간이 곧 문학이고 역사고 예술이니 두려워 말고 거침없이 쓰라고 외친다. 글 밭에 씨를 뿌리는 일만큼 자신에 대한 완벽한 투자가 없다는 확신도 심어준다. 마지막으로 나는 한 사람 한 사람마다 거룩한 자격을 주문하며 세상으로 통하는 문을 활짝 연다.
"오! 작가님, 작가님, 우리 작가님!"

(2023년 《한국산문》 12월호)

번지 없는 주막

 번데기가 문제였다. 그곳에서는 점심에 밑반찬으로 번데기를 주지 않았다. 맘 좋은 사장님을 구슬려 보려 해도 여장부 체면에 모양 빠지는 일이었다. 먹고 싶은 것은 꼭 먹고야 마는 식탐이 저녁 술안주인 그것을 먹기 위해 호시탐탐 기회를 노렸다.

 속도가 점점 빨라지는 세월을 체감한다. 30세에 30, 40세에 40, 50세에 50km. 왕년에는 속 시원하게 달렸으면 싶었는데. 이제는 달려도 너무 달렸다. 새해구나 싶으면 깜짝 봄이고, 벚꽃에 취하다 보면 어느새 여름이고, 민소매를 꺼내면 벌써 가을이고, 단풍이다! 하면 어느 틈에 흰 눈이 내렸다. 시간은 브레이크가 고장 난 자동차였다.

 질주의 끝은 어디일까. 태어나면 반드시 돌아가야 하는 그곳일까. 중간 점검한다치고 살아낸 길을 뒤돌아보니 크게 아쉬운 것은 없었다. 깜냥대로 할 것 다 하고 이룰 것 다 이루고 저지를 것 다 저지른 인생이었다. 몇 해 전까지 솜털 보송한 늦둥이가 걸렸지만, 졸업에 직장까지 정해져 마지막 발목도 놓여났다. '오는 순서는 있어도 가는 순서는 없다.'는 말대로 만약 내게 그런 날이 느닷없이 온다면 모두의 바람대로 자는 사이 떠나고 싶다.

졸지에 시작했던 종로살이도 잘 달렸다. 특별히 애쓰거나 기를 쓰지 않아도 걸림 없이 돌아갔다. 단행본 주문이 많다 보니 꼬박 컴퓨터와 씨름하며 눈을 혹사했다. 나빠지는 시력을 구하기 위해 땡! 정오가 되면 책상을 박차고 일어났다. 뿌연 하늘이라도 올려다보고 오염된 산소라도 마시고 소심하게 파고드는 바람과도 만났다. 그렇게 충전하는 와중에 어김없이 따라붙는 고민, '오늘은 또 무얼 먹나?'

결정 장애가 온갖 메뉴를 욕망하지만 그래도 기준은 있다. 일이 덜커덩거린 날엔 얼큰한 부대찌개나 낙지볶음을, 이유 없이 공허한 날엔 곰탕이나 돈가스, 건강보다 입맛에 충실하고 싶으면 손칼국수와 일본 라면을 택한다. 그나마 그도 저도 아닌 날엔 좁은 골목 허리춤에 있는 문패도 있고 번지수도 있는 '번지 없는 주막'으로 간다.

물론 맛 좋고 가격도 착하지만, 무엇보다 주인장 성품이 남다른 집이다. 들어갈 때나 나올 때, 반찬을 더 달랄 때나 계산할 때, 늘 따라붙는 특제 함박웃음. 어떻게 시종일관 그릴 수 있는지. 음식이 맛나게 느껴지는 것도 사장님의 싱글벙글 전매특허의 MSG 때문일 것이다. 그 덕분에 주막은 코로나 와중에도 손님들로 북적거린다.

순두부, 코다리구이, 시래기 들깻국 중 내 최애 메뉴는 낙지장 비빔밥. '먹으면 찐다'라는 공식에 반기를 든 채소가 널찍한 냉면기 가득 자리를 잡고 그 위에 요염하게 올라앉은 계란프라이가 군침을 선동한다. 곁들인 낙지장은 고추장에 낙지를 넣고 볶아 일반 고추장보다 식감이 살아 있다. 그쯤 되면 허기진 위가 요동을 친다. 반드시 젓가락으로 섞은 뒤 수저로 크게 한술 떠 입속으로 투하하면 쌀밥과 채소와 낙지와 고추장의 군무가 현란하다. 삼키기가 아까워 여러 번을 음미하며 씹지만, 어느새 입속은 비고 숟가락은 바쁘고 그릇은 비정하게 바닥을 드러낸다.

미슐랭 별 하나를 주고 싶어도 감점은 번데기의 부재다. 맛깔난 반찬들이 있어도 고것이 없으니 심기를 건드렸다. 저녁 술안주로만 만날 수 있다는 원칙은 존중하지만, 소위 단골인데도 특혜가 없다 보니 심보는 밴댕이 소갈머리가 되었다. 비록 막걸리 한 잔에 온몸이 빨개지는 수준이지만 그것을 안주로라도 만나기 위해 벼르고 있었다.

어느 날, 후배가 고민을 들고 찾아왔다. 그녀의 풀죽은 얼굴을 보자 '인생은 나그넷길~' 〈하숙생〉이 떠올랐다. 최희준이 입을 살짝 비틀며 내는 허우룩한 목소리. '구름이 흘러가

듯 떠돌다 가는 길에' 들른 나그네를 데리고 가야 할 곳은 너무도 당연하게 '번지 없는 주막'. 그녀의 손을 잡고 '골목길 접어들 때엔' 나도 누군가처럼 가슴이 뛰고 있었다.

둘이 마주 앉아 호기롭게 막걸리를 시켰다. 몇 분 후 밑반찬이 깔렸다. 드디어 그리던 고고한 번데기의 등장! 너 오랜만이다. 젓가락으로 집어 입에 넣자 어금니 사이에서 터지는 고단백 엑기스, 이어 어금니에 씹히는 감칠맛에 감탄할 때 그 틈을 비집고 아릿한 영상이 하나 펼쳐졌다.

유년 시절을 보낸 강원도 양구. 양구군 양구면 양구초등학교 정문 옆 담벼락에 번데기와 소라, 달고나를 늘어놓고 팔던 밀짚모자 아저씨. 신문지 고깔에 가득 담아준 징그러운 번데기를 이쑤시개로 찍어 찔끔 눈을 감고 먹으면 별천지였다. 집에서 누에 치는 애들은 얼씬도 안 했지만, 시내파 삼총사는 서로 먹으려고 깔깔댔다. 계모 밑에서 자라면서 배다른 동생을 업고 다녔던 병순이, 버스 종점에서 구멍가게를 해 어깨에 잔뜩 뽕이 들어갔던 미경이, 눈이 왕방울만 해 웃다가도 울곤 했던 나까지. 까마득히 잊었던 얼굴들이 고성능 렌즈로 클로즈업되었다. 속눈썹이 축축해졌다. 그래서 내가 그렇게 번데기에 집착했구나. 안주가 나오기도 전에 술잔은 계속 비고 나는 까맣게 잊었던 시절에 속죄하듯 그리움을 세 접시나 비웠다.

막걸리가 온몸에 피어났다. 이왕 꽃이 피었으니 이리 붉으나 저리 붉으나, 한 병을 더 시켰다. 후배의 힘겹던 고민은 동백꽃처럼 툭 떨어졌다. 인생은 언제나 그랬다. 답은 문제를 끌어안고 있는 본인에게 있었다. 우리는 점점 해닥사그리하게 되었다. 주거니 받거니 농익은 주막의 밤이 불콰하게 물들어 갔다.

요즘은 '번지 없는 주막'을 찾기가 힘들다. 목표지향적인 세상이다 보니 번지수는 반드시 있어야 하니까. 그 때문인지 언젠가 작은 도시에서 만난 간판은 '번지 있는 주막'이었다. 얼마나 절박했으면 번지를 정해서 운치와 분위기를 놓쳤을까. 보다 안전하게 가고 싶어 한 그 가게도 술술 장사가 잘 되었으면 좋겠다.

궁극적으로 우리가 도달할 곳도 번지수가 없다. 천수天壽를 다하는 저속이거나 성질머리 급한 고속이거나 아니면 예기치 않은 과속도 마찬가지다. 잘 닦아진 아스팔트거나 험난한 자갈길, 진흙길, 비포장도로라도 분명한 것은 그 길을 통해 가야 한다는 사실이다. 우주를 여행하는 시대에 다녀온 사람이 한 명도 없는 것은 심히 유감스런 일이지만 반드시 가야 하고 누구나 떠나야 한다면 그거야말로 기막히게 공평한 일이다.

철학자 장켈레비치가 죽음을 사유한 책 《죽음: 이토록 가깝고, 이토록 먼》에서 죽음의 모든 방식을 들려준 것처럼, 그 세계가 막연하면 몹시 두려울 테니 그곳을 어떤 손님이

든 버선발로 뛰어나와 국밥 한 상 차려주는 '번지 없는 주막'으로 설정해 보자. 그러면 보내는 슬픔이나 떠나는 아픔에 큰 위로가 되지 않을까. 한결 편안하고 가붓해질 것이다.

혹 연습이 필요하신 분은 언제라도 연락 바란다. 컬컬한 막걸리 한 잔으로 이름이 같은 그 세계로 안내하겠다. 잠시라도 머물게 되면 개똥밭을 운운하며 괄시한 저 세계도 갈 만하다는 커다란 간덩이를 만나게 될 것이다.

술값은 걱정하지 마시라. 쥐꼬리지만 매달 입금되는 야무진 내 주머니가 있으니. 또한, 번데기 한 접시로 추억을 소환하고 싶은 분 역시 대환영이니 참고 바란다.

(2020년 《한국산문》 2월호, 2021년 에세이문학작가회 동인지)

엄마는 원더우먼

　역마살 때문에 별명이 생겼습니다. 게다가 자투리 시간에도 이것저것 남의 일까지 참견하다 보니 얻게 되었어요. 흔하지 않은 성도 일조를 했습니다. 김 씨라면 김더우먼, 이 씨라면 이더우먼, 박 씨라면 박더우먼이 되는데, 다 어색하지요? 살다 보니 우리나라 성씨 중 변방에 속하는 원 씨가 원+더우먼을 탄생시켰습니다.
　좋았어요. 별 의미 없이 부르는데 들으면 남다른 능력을 부여받은 것 같았으니까요. 자신감이 쑥쑥 자랐습니다. 비록 잘록한 허리와 풍성한 머리칼과 빛나는 밴드, 뛰어난 미모는 없어도 착각에 빠지기는 쉬웠어요. 영화에서처럼 매번 약자를 구하고 지구를 위해 뭔가를 해낼 것만 같았거든요. 그러다 보니 오리지널 오지라퍼가 더 오버를 하게 되었습니다.
　웃자고 시작했지만 그렇게 근거 없는 말도 아니었어요. 어느 날 상념에 노닐다가 관점을 틀어보니 원초적 원더우먼이 맞았습니다. 나뿐인가요? 톺아보니 출산이란 거룩한 사명을 받든 엄마들, 김더우먼, 이더우먼, 박더우먼도 하나같이 원더우먼이었어요. 내심 과분하다고 주눅 들었던 어깨를 쭉 폈습니다.

엄마들은 출산할 때마다 목숨을 담보로 하지 않나요. 과다출혈로 때론 마취에서 깨어나지 못해 혹은 밝혀지지 않는 원인으로 종종 불행한 결과가 많잖아요. 첨단의학으로 설명이 안 되는 터무니없는 경우도 들었습니다. 그런 공포 속에서 오직 생명의 탄생을 위해 분만대와 수술대 위에 누운 비장한 심정을 헤아릴 수나 있을까요. 감히, 감히 말이죠. 사람이 사람을 낳는 일입니다.

몸속의 팔만 사천 세포가 총궐기하는 산통은 어떤 고통과도 비교할 수가 없지요. 옆에서 머리를 뜯기고 육두문자를 들어도 본인과 참관인은 하늘과 땅 차이입니다. 그 고통을 짐작한다고요? 과연 그 짐작이 얼마만큼일까요. 우리가 평소 이해한다는 말을 쉽게 하지만, 같은 체험 없이 완벽한 이해는 애당초 불가능하지요. 더구나 열 달 동안 뱃속에 품은 분신을 세상과 만나게 하는 일은 절대, 절대, 절대 공감 불가의 영역입니다.

그 일은 원더우먼의 초능력만이 할 수 있는 일이여요. 여인들은 수백만 년 전부터 천륜을 이으며 인류에 기여해 왔습니다. 태초에 부여된 숙명이었어요. 그렇게 부여받은 모성은 두려울 만큼 평생 헌신하는 주체로 변신하게 됩니다. 꺼내도 퍼내도 마르지 않는 우물 같은, 이 세상 모든 게 다 사라져도 유일한 불멸의 존재. 엄마는 현생은 물론 사후에도 애절하게 소환되는 그리움의 절정입니다.

그것을 증명하듯 세계에서 가장 아름다운 영어단어에 'Mother'가 선정되었어요. 영국문화협회가 세계 102개 비영어권 국가 4만 명을 대상으로 한 설문 결과라네요. '아버지 날 낳으시고, 어머니 날 기르시고' 어엿하게 시경詩經에 적혀 있는 아버지는 안타깝게 10위권에도 없었어요.

오래전 폴리네시아 어느 부족에선 남자들이 자궁 모양의 움집을 만들어 놓고 아이들을 임신 기간만큼 생활하게 하면서 교육했다지요. 교육이 끝난 후 움집에서 내보내면서 그들도 정신적으로 아기를 낳았다고 자부심을 품었다니 얼마나 부러우면 그랬을까요. 그러나 '출산'은 불가침 영역입니다. 어떤 것으로도 대체할 수가 없으니까요.

안타깝게도 독보적 특권이 어깨에 올려지면 개인 아무개는 증발하고 맙니다. 누구의 엄마로 이름이 바뀌거든요. 육아로 인해 모든 게 차선으로 밀리는 것도 너무나 당연한 일입니다. 살림이스트라고 웃프게 정의한 주부라는 영역까지 떠안으면 그 전의 삶은 호화로운 베르사유궁전이 되지요. 엄마란 세계는 그렇게 천연덕스럽게도 모든 개성을 잠식해버리고 맙니다.

  육아만 끝내면 될 것 같았어요. 16년간 교육현장에서 금쪽같은 내 새끼로 키우면 책임완수라 생각했습니다. 턱도 없었어요. 모성은 유통기한이 없더군요. 평생 롤러코스터를 타면서 그래도 내일은, 내일은 하면 기대했지만, 엄마에게 내일이란 또 다른 오늘의 연장일 뿐입니다. 엄마는 정년도 없으니 명퇴, 은퇴는 턱도 없지요. 오로지 줄기찬 현역으로 부르면 달려가고, 부족하면 채워주고, 힘들다면 덜어주고, 삐걱대면 고쳐주는 연중무휴 24시간 AS센터입니다.

  오로지 '엄마'라는 내비게이션만 쫓다 보니 초능력을 깜빡했어요. 녹록지는 않겠지만, 이제라도 꺼내 써야겠습니다. 몇 년 동안 징글징글했던 코로나가 꼬리를 보여 숨을 곳도 없어지니 분연히 주먹 쥐고 일어서야겠어요. 원더우먼이 뭐는 못 할까요. 푸석한 시간을 살려내 지금이라도 이름값을 해야지요. 비록 화려한 스크린 없이도 내 인생의 주인공은 내가 분명하니까요. 늦었다거나 다 살았다거나 나이를 탓하는 자책과 체념과 포기는 화성으로, 아니 화성 남자들도 '한때 초원의 빛'을 잃은 동지라 거대한 목성으로 날려 버려야겠어요.

  네, 물론 제일 큰 방해꾼은 저 자신입니다. 그러니 엄마를 등에 단단히 붙들어 매고 '나'라는 좁고 긴 골목을 통과해 넓은 신작로로 뛰어나가야겠어요. 그렇게 만나게 될 큰길에서 글이든 요리든 사업이든 유감없이 초능력을 써 보겠습니다. 그래야만 남은 생이 허망하거나 남루하지 않을 테니까요.

  지금도 곳곳에서 새내기 원더우먼이 등극을 준비 중입니다. 나처럼, 내 엄마처럼. 내 엄마의 엄마 그리고 또 그 엄마처럼. 오직 자식을 위한 고단한 여정에 사력을 다하고 있습니다. 이 지구별에 미래 인재를 무사히 착지시킬 초능력 원더우먼, 그녀들의 위대한 권리를 적극 지지합니다.

                    (2023년 에세이문학작가회 동인지)

일주일에 사흘, 나는 한강에 투신한다

새벽의 질감은 나이에 따라 다르다.

삼십에 맞는 새벽은 투명하면서도 찰기가 있었다. 어찌어찌하다 '엄마'라는 소임을 맡게 된 일상, 서툴기는 '아내'도 마찬가지였다. 그저 생각 없이 하루를 짓다 가끔 마주친 신기루 같은 시간은 덜 털린 잠 속에서 피어난 여명이었다. 결혼에 대한 기대가 야금야금 깨지는 것을 보며 하얗게 지켜낸 밤 끝에 매달린 또 다른 희망. 백마 탄 왕자는 동화와 내 환상 속에만 존재했다.

사십에는 시푸르면서도 온기가 있었다. 일산에서 개포동 능인선원까지, 교대역 대성학원까지 새벽을 갈랐다. 어느새 '엄마'가 튼튼히 자리 잡아 거칠 것 없이 치맛바람을 일으켰다. '아내'도 새끼 호랑이로 자라 있었고, 천년만년 갈 것 같은 체력이 뒤를 봐주고 있었던 대책 없이 용감한 시절이었다. 죽으면 평생 자는 게 잠이라며 자는 시간이 아깝던 때였다.
   오십에는 붉으면서도 숫기가 있었다. 서초동에서 안양 한마음선원까지 새로 난 강남순환도로를 달리며 환호작약했다. 새벽마다 나만의 아우토반을 달리며 꾀죄죄한 상념들을 털어냈다. 기회의 신은 뒤통수가 대머리라는 걸 수시로 상기하며, 충실하게 그 시간을 만끽했다. 살짝 힘들었지만 못 견딜 정도는 아니었는데 중반부터 덜컹거렸다. 더 이상 견뎌내지 못하고 그대로 멈췄고 이내 새벽을 반납했다. 예감했던 대로 다시는 못 올 과분한 시간이었다.
   이즈음에는 그때의 새벽처럼 아침을 만나고 있다. 일주일에 세 번, 담연하고 희푸른 바람을 가르며 한 시간의 짧고도 긴 여행을 떠난다. 두더지처럼 땅속을 파고들며 청춘들에게 흡수된다. 두 다리에 힘을 주고 칸과 칸 사이 공간에 기대서서 필라델피아와 홍콩과 워싱턴의 세 딸에게 굿모닝 법문을 선물하고 단톡방에 퍼 나르다 보면 어느새 30분, 다리가 뻐근해질 때쯤 사람 파도를 따라 썰물이 된다. 계단을 오르고 개찰구를 지나 다시 긴 에스컬레이터를 타고 첫 번보다 낡았지만 기다란 은하철도 999에 올라탄다. 오금에서 대화를 잇는 3호선.
   몇 번의 안내 끝에 문을 닫고 출발한 양재역, 그다음 남부터미널역은 수더분하지만, 교대역이 되면 요란해지며 뒤차를 이용하라는 안내가 되풀이된다. 고속버스터미널역에서 몇 번 더 문을 여닫고 다음은 잠원역, 그리고 신사역에 오면 숨통이 트인다. 빽빽하던 두더지들이 빠져나가는 것은 장관이다. 〈신사동 그 사람〉이 그렇게 많은지. 특히 젊은 여인들이 행렬을 이루며 내리는 장면은 그곳이 여대 앞인가? 하는 싱싱한 착각을 하게 한다. 그녀들을 따라가고 싶은 충동을 간신히 잡는다.

갑자기 지하철 안이 헐렁하다. 군데군데 빈자리가 생긴다. 바로 몇 분 전까지 치열했던 과거가 여유로운 현재가 된다. 사는 것도 그랬다. 빽빽하니 숨이 막히는 것 같다가도 어느새 숨통이 트이곤 했다. '지나간 것은 지나간 대로 그런 의미가 있죠~.' 대중가요 가사처럼 그렇게 보내다 보면 넉넉하고 널널한 날이 오셨다. 압구정역을 지나면서 지하철은 지상으로 부상한다.

아, 한강! 50초 그 짧은 시간, 전철은 가로로 가고 있으나 나는 세로로 달린다. 형용할 수 없는 투명한 아름다움, 그저 탁 트인 강물을 보기만 해도 신음이 새 나온다. 날씨에 아랑곳하지 않는 평온한 출렁임은 달관한 구도자의 모습이다. 옆으로 누운 플리트비체의 폭포처럼 하얀 물보라에 온몸이 흠뻑 젖는다.

그러나 그것도 부족해 나는 한강으로 뛰어든다. 일상의 피로와 하루의 중압감이 옷을 벗고 알몸으로 낙하한다. 매일 망설이고 후회하고 저울질하는 의식을 깊숙이 빠트린다. 불안, 두려움, 패배감이라는 오염도 함께 수장시킨다. 비록 찰나이긴 하지만 그것들을 빛나는 윤슬이 아주 말갛게 헹궈준다. 한강의 기적은 빈말이 아니다.

  채 1분도 안 되는 질주가 끝나면 어느새 전철은 다시 지하로 들어간다. 그러나 그 이후는 이미 땅속이 아니다. 세례 받듯 푸른 강물로 정화된 내게 옥수, 금호, 약수, 동대 입구, 충무로, 을지로 3가, 종로 3가역까지 더 이상 어둡고 칙칙한 공간이 아니다. 안·이·비·설·신·의 육 근의 작용이 멈추고, 푸른 가능성이 배인 무아의 공간으로 웜부팅이 된다.

  하루에 두 번, 아침엔 의무와 권태로 쇳덩이 같은 나를 한강에 던지고, 노을 붉은 저녁엔 8시간 소금에 절인 배추 같은 나를 던진다. 매번 그 무모한 급강하를 받아 준 강물은 내 양쪽 겨드랑이에 견고하고 건강한 의지를 달아 번번이 살려낸다, 나를 리바이벌revival해 준다.

  그래서 일주일에 사흘, 나는 아침저녁으로 압구정역과 옥수역 사이의 한강에 투신한다.

                            (2020년 《수필미학》 여름호, 《선수필》 가을호)

공개수배합니다

꽉 막혔어요. 점심시간에 동대문으로 옮긴 선배의 사무실로 가는 길이었습니다. 근 3년 만인가요, 솜털 수북할 때 멘토였던 그녀를 만나는 게.

선배가 개종을 하면서 사사건건 기승전, 전도라 점점 벽이 쌓였어요. 어느새 하늘을 가릴 만큼 오해가 높아졌고 그렇게 단절된 지, 일천 일 하고도 95일. 느닷없이 생각이 나서 전화했더니 죽은 동생이 살아온 것처럼 기뻐했어요.

저도 옛정이 생각나 밤잠을 설쳤답니다. 미리 선물할 첫 수필집을 챙겼어요. 일어나자마자 검색하니 57분이 떴는데 막상 출발하려니 1시간 17분으로 늘어났어요. 출퇴근 시간도 아닌데 이런 낭패가? 여유가 '어휴'가 되었어요.

그나마 실시간 정보라 오차범위가 낮은 티맵 하나만 믿고 달렸어요. 양재꽃시장 사거리에서 한남대교 방향 고속도로로 올라타니 길은 더 극심하게 정체, 마음이 타는 냄새가 났습니다. 이럴 때 늘 하는 생각이지만 우리나라는 정말 차가 많은 나라예요. 특히 서울은 포화상태지요. 물론 거기에 저도 일조를 하고 있지만 차가 막히면 대상을 막론하고 비난을 난사합니다. 차는 달리는 게 본연의 임무가 아니냐며 애꿎은 핸들을 주먹으로 치거나, 양손으로 비틀거나 심지어 앞뒤로 흔들어 대곤 하지요. 인내심이 한계점에 다다르면 버스전용차선을 타고 질주하는 버스를 따라 달렸어요. 티켓 몇 장은 감수한 채. 그러나 뒤따라 보낸 것은 마음뿐이랍니다. 준법정신이 투철한 내 차는 시속 20킬로로 가다 서기를 반복하며 고양이 눈 같은 브레이크등만 따라갑니다. 그래도 차도車道가 차도差度가 없으면 급기야 핸들을 껴안고 읍소를 한답니다. 각종 주문을 외우면서.

'아브라카다브라, 수리수리마수리, 호커스포커스.'

그때 옆 차선 전방에 흰 차, 갑자기 한 컷 영상이 눈에 들어왔어요.

'뭐지? 저게 뭐야?'

3분의 1쯤 열린 창문 사이로 나온 길고 하얀 여인의 손가락. 그 사이에 낀 반지 알이 햇빛에 부딪히며 사방으로 눈이 부셨어요.

'무슨 손가락이 저렇게 섹쉬한 거야?'

유별나게 긴 손가락은 치명적으로 아름다웠습니다. 차 안

주인공은 빨간 오픈카에 휘날리는 실크 스카프를 맨 검은 선글라스의 여배우와 오버랩 되었지요. 그런데 말입니다. 왜, 그 타이밍에 손을 내민 것일까요? 커진 동공을 더 키우며 살펴보니 요염한 손가락 사이에 글쎄, 담배가 끼어 있는 게 아니겠어요. 여인의 손과 담배라, 그 담배 때문에 손이 몇 배나 더 고혹적으로 느껴졌다면 믿기시나요?

뇌쇄적인 손이 천천히 들락날락, 립스틱이 묻었을 담배가 손가락과 쌀쌀한 바람 사이에서 유희를 벌이고 있었습니다. 어디선가 낙엽 타는 냄새가 났어요. 영화보다 더 영화스러운 여인의 도발은 도시의 한낮을 화끈하게 했어요. 저 도도하고 시크한 유혹. 나도 담배를 배웠어야 했어요. 내 안의 아니무스가 마른침을 삼켰습니다.

거무튀튀한 남자들 손하고는 차원이 달랐다니까요. 남자들이 마치 마초라도 되는 양 팔을 창문에 턱 걸치고 담배를 빨아대면 쿰쿰하고 독한 냄새가 내 폐를 향해 돌진하는 것 같았거든요. 더군다나 기대를 저버리지 않고 꽁초를 내던지고 달아나는 무법자들. 카파라치가 되어 신고하고 싶을 때가 한두 번이 아니었답니다.

그것과는 확실히 다른 스크린이었어요. 그 지루하고 건조한 시공간을 순식간에 화사하게 하는, 그녀는 꽃이었어요. 정체된 도로 상황에도 관대해졌습니다. 그럼 그럼, 차가 막힐 수도 있는 거지요, 인생도 가끔 정체가 있듯이. 기존의 가치

관도 들락날락 그러는 거 아니겠어요. 나도 그녀처럼 슬그머니 손을 창밖으로 내밀어 보았습니다.

저렇게 당당하고 고급스러울 수 있다면 더 이상 여자의 흡연이 음지로 숨어야 할 이유도 없을 것 같았어요. 그런데 남자들은 어떻게 생각할까요. 저 모습을 같은 시선으로 바라봐 줄까요? 매혹적인 손가락과 담배의 공모를 용납하실는지. 못마땅해하거나 재수 없어 하실지도. 아님 관능적인 모습에 성적 매력을 느껴 침을 흘리실지도 몰라 궁금했지만 확인할 길은 없었습니다.

순간, 드라이아이스에 손을 댄 것 같았어요. 내 눈을 의심했답니다. 그녀가 글쎄, 그 환상적인 손가락이 글쎄, 꽁초를 창밖으로 집어던지는 게 아니겠어요. 여느 파렴치한 그들처럼.

"아, 아니, 저럴 수가. 아니, 아니…."

아름다우면 무죄인가요. 심한 배신감에 나는 그 차 옆으로 달리며 창문을 내렸어요. 저기요, 여보세요. 그러나 시커먼 선팅에 굳게 닫힌 창문, 안하무인이었지요. 경적을 누르려다 말았어요. 맥이 빠져 그럴 가치조차 못 느꼈어요. 범행은 이미 완료형이었으니. 도로는 뚫렸고 열린 차창의 매서운 바람만 뺨을 때렸습니다.

나, 이 목격자가 할 수 있는 일이란 고작 차 번호판을 외워 고발하는 일이었어요. 눈을 부라리며 외우고 외우고 또

외웠습니다.

'28고 XXX7, 흰색 기아 K3.'

2018년 2월 6일 11시 33분, 장소는 양재꽃시장과 양재사거리 사이 경부고속도로 상행선. 꽁초를 창밖으로 무단 투기한 죄. 가중처벌로 모처럼 화창한 겨울 햇빛을 조롱하고, 선량하고 순수한 시선들을 희롱하고 그리고 절대 그럴 리 없을 거란 믿음과 기대를 우롱한 괘씸죄까지.

아직도 눈에 선연한 그녀, '마타하리의 손'을 공개수배합니다.

(2018년 《수필과비평》 5월호)

충남 방앗간

 홍콩에 사는 둘째가 반가운 부탁을 했다. 아침 식사 대용으로 검은콩과 검정깨 가루를 준비해 달라는 것이었다. 혼자 지내며 아침을 굶는 게 마음에 걸렸고 샤워실 배수구에 뭉쳐있던 긴 머리카락도 신경 쓰였는데 한 번에 걱정을 덜어주는 달가운 주문이었다. 특히 탈모와 발모에도 효과가 있다고 하니 잘 됐다 싶었다.

 볶아서 갈아 놓은 완제품이 500그램에 3만 5천 원으로 비쌌지만 그냥 구입해 보냈다. 시식 겸 두유에 타서 먹어보니 그렇게 고소하고 달곰할 수가 없었다. 잘 풀어지고 먹기도 수월하고. 다음부터 직접 만들기로 했다. 발품을 팔면 국산으로 훨씬 싼 가격에 할 수 있을 것 같아 안 하던 짓을 하기로 했다.

 마침 지인이 손수 농사지어 보내준 약콩과 검정깨가 있었다. 서리태보다 작은 약콩의 효능이 다섯 배나 높다고 했다. 농협에서 약콩 3킬로, 흑임자 2킬로를 더 구입하고 방앗간을 섭외했다. 혹시 하고 주말농장에 재미를 붙인 부부한테 물었더니 역시였다. 주인 남자가 무뚝뚝한 것 빼고는 청결하고 성실해서 믿음이 가는 곳이라며 추천해 주었다.

'충남 방앗간.'

이름을 듣는 순간 몽글몽글해졌다. 딱히 고향에 대한 추억이 없는 내게 정체 모를 정서와 말로만 듣던 향수가 달려왔다. 당장 가고 싶었다.

"충남 방앗간이죠?"

전화를 했더니 그녀의 정보대로였다. 주인 남자는 퉁명스럽게 콩과 깨를 깨끗이 씻고 바짝 말려 와야 하며 늦어도 오후 5시까지 와야 한다고 명령조로 말했다. 주객이 전도되는 기분이었지만 나는 고분고분 대답했다. 가까이 있는 방앗간을 찾았다는 기쁨과 상호가 아찔하게 맘에 든다는 이유 때문이었다.

'충남 방앗간.' 처음 들었을 때 어감이 귀에 착 감겼다. 그것은 눈을 감게 했고 이어 어렴풋한 고향을 끌고 왔다. 넓은 신작로, 뿌연 먼지를 날리며 달리는 파란 트럭, 그 뒤로 책가방을 멘 단발머리 소녀들, 그들의 초록 웃음, 그 끝에 보이는 작은 기와집, 뒷마당 장독대와 시큼한 냄새, 야트막한 회색 담과 그 너머로 들리는 '얼룩빼기 황소의 게으른 울음

소리', 그 소리가 시장으로 이어지면 울긋불긋 좌판들이 즐비한 긴 골목이 나오고 맨 끝에 자리한 방앗간, 거기에서 뜨거운 김 사이로 쉴 새 없이 나오는 흰 가래떡, 나는 입안 가득 고인 침을 주체하지 못해 눈을 떴다.

나지막이 속으로 내 본적지인 충북 방앗간을 시작으로 경남 방앗간, 전북 방앗간, 강원 방앗간, 경기 방앗간, 제주 방앗간까지 다 음미해 보았지만, 그 어떤 곳도 충만하고 충실하고 충직함이 꽉 들어찬 '충'과, 남쪽으로 창을 내겠다는 시인의 소박한 바람까지 들어 있는 따뜻한 '남'의 절대 어감을 넘볼 곳은 없었다.

부지런히 콩과 깨를 씻어 물기를 뺐다. 양이 많아 한참을 씨름했다. 거실에 돗자리 두 개가 등장했고 한쪽엔 콩이 한쪽엔 깨가 사이좋은 노부부처럼 누웠다. 그 모습을 보기만 해도 귀밑 흰머리가 근질근질 뿌리가 검어지고, 부실한 정수리도 스멀스멀 싹이 자라는 듯했다.

드디어 충남 방앗간을 찾아갔다. 번화가 뒷골목에 있는 그곳은 정말 깔끔해 투박한 주인과 대비되었다. 두 시간 걸린 다기에 책을 갖고 갔지만 지켜보는 것은 피차 부담이었다. 주변에 그 흔한 커피숍 하나 없어 결국 눈치 없이 보초를 서야 했다.

콩과 검정깨가 볶아지는 고소한 냄새에 말 한마디 없는 주인이 불편하지 않았다. 형식적인 립서비스나 영혼 없는 대화보다 책임을 다하는 모습이 듬직했다. 그 대신 철거덕철거덕 쏵쏵, 기계 소리가 정적을 대신했다. 소통의 부재를 책으로 메웠다. 그도, 나도, 콩도, 깨도, 서로를 잊은 채 한동안 각자의 세계로 몰입했다. 얼마나 지났을까. 주인 남자는 볶은 콩과 깨를 채반에 담아 밖으로 들고 나갔다. 역시 한마디 설명도 없었다.

'이렇게 충분히 식히지 않으면 수분이 생겨 안 됩니다.'
그의 등이 말했다. 옆으로 앉은 내 어깨가 답을 했다.
'그렇군요. 저 신경 쓰지 말고 어여 식히세요.'

그 뒤, 방앗간에 딸린 작은 방에 갔는지, 화장실을 갔는지 주인 남자는 한참 후에야 돌아왔다. 그러곤 빻는 기계로 콩과 깨를 들고 왔다. 역시 입에 자물쇠를 굳게 채운 채. 그 기계는 내가 앉은 책상 옆이라 투명 인간이라도 불편했을 것이다. 방앗간 앞에 세운 차로 나가 시트를 젖히고 누우니 기계 소리가 기차 소리처럼 들려왔다.

드디어 끝났다. 그때 목단꽃 미소를 가진 통통한 주인 여자가 돌아왔다. 이게 무슨 일인가. 갑자기 남자의 말문이 터졌다. 그녀가 열쇠였는지 철거덕 열리더니 말이 홍수처럼 쏟아져 폭풍 수다가 이어졌다. 아니 저렇게 떠들 줄 아는 사람이었나. 그냥 어쩌다 하는 말이 아니었다. 씨알머리 없는 이야기를 쉴 새 없이 쏟아내고 있었다. 배신감이 들었다. 살다 살다 별 사내를 다 봤다. 그는 아내 치마폭에 쌓인 암사내가 틀림없었다. 그나마 이것저것 챙기며 '안녕히 가시라'는 곰살 맞은 여자의 인사가 불쾌한 마음에 콩알만큼 위로가 되었다.

집으로 와 1킬로씩 담아 애들에게 보냈다. 그리고 암으로 투병 중인 친구 남편을 위해 보내 주었다. 다행히 입맛에 맞았는지 평생 은혜를 잊지 않겠다는 과분한 인사에 울컥했다. 그가 말하는 평생이 기약이 없었기 때문이다. 예상대로 모발 육성사업은 번창 일로였다. 다시 약콩과 흑임자를 사서 씻고 널고 말리고, 또 충남 방앗간에 다녀왔다.

그곳은 여전히 정갈했고 주인 남자도 여전했지만 더 이상 '충남 방앗간'은 내게 따뜻한 남쪽 마을이 아니었다. 그냥 기계 소리만 야단스런 방앗간에 불과했다.

(2018년 《수필과비평》 4월호)

백조, 날다

 십 년이면 강산이 변한다고 한다. 변하는 건 강산뿐일까. 사람은 어떨까. 사람마다 차이는 있어도 사람에게도 예외는 아니다. 특히 나에게는 그렇다. 카프카란 이름을 들먹여야 할 정도로 변신했으니까.

 몇 년 전에 첫 수필집 《백조를 날게 하라》를 출간했다. '여자 백수'에 대한 내용이었는데 조류인 백조로 알았다가 글을 읽고 그 의미를 알았다는 사람이 많았다. 사람에게 이름이 중요하듯 책도 제목이 중요하다. 오죽하면 글이 천 냥이면 제목을 구백 냥이라 했을까.

 내 책은 베스트셀러가 되지는 못했지만, 이름값은 톡톡히 했다. 탱자탱자 노는 백수를 취업시켰으니. 전업주부로 백수가 전공이고, 부전공이 봉사인 내게 직업을 선물했다. 일전에 작은 잡지에서 봉사한 경력 덕분에 40년 전통의 '수필

전문 잡지 주간'이란 굵은 자리를 제안받았다.

처음 제의를 받았을 때 잠을 설쳤다. 하던 일도 마무리할 시기에 책임을 맡는 게 두려웠다. 나이는 숫자에 불과하지 않아서 운신의 폭도 좁았다. 남편부터 완강하게 반대했다. 오랫동안 책임지는 자리에 있다 보니 그 고충을 알아서인지, 아니면 너무나 사랑해서 끝까지 온실 화초처럼 가두고 싶은 것인지 헷갈렸지만 '왜 사서 고생을 하냐.'는 순도 높은 걱정만 접수했다. 심지어 그만큼 월급을 본인이 준다고 하며 말렸다. 그 마음 때문에 고민이 길어졌다.

그러나 친구 만나 밥 먹고 차 마시고 수다 떨고 쇼핑하는 일상이 권태롭던 참이었다. 어떤 절박함이 필요했고 뭔가 기여도 하고 싶었다. 소식을 들은 아이들이 내 편을 들고 나섰다. 거기 용기를 내 부정적인 반응을 등지고 돌아섰다. 남편과도 딱 '3년'을 약속하고 동의를 구했다. 막상 결정하니 자신감이 생겼다. 일주일에 세 번 출근인 조건도 겨드랑이를 파고들었다. 날개를 펼치고 하나둘 워밍업을 했다.

장장 한 시간이나 걸리는 출퇴근도 우려였다. 막상 시작해 보니 미처 못 읽은 신간과 e-book, 다양한 유튜브도 목을 빼고 기다렸다. 중간에 만나는 한강에는 매번 뛰어들어 심신을 헹구니 시간이 싱싱하게 살아났다. 대중교통의 두목인 전철은 그동안 나를 거쳐 간 자가용 중 가장 커서 마음에 들었다.

종잡을 수 없던 건망증도 뒷짐을 졌다. 눈치가 9단이다 보니 업무 중에는 출동하지 않았다. 일이 익숙해지자 스스로 놀랐다. 숨은 그림처럼 아이디어가 숨어 있었고 과속하길 좋아하는 성격처럼 추진력도 꼭 그랬다. 거기다 책임감은 시세 말로 쩔었다. 다년간 엄마로 아내로 주부로 다져진 경험과 지혜의 근육 덕분이었다. 별 볼 일 없는 내가 이러니 뛰어난 잠재력을 가진 능력녀들은 오죽할까. 주부라는 허울 좋은 미명 아래 어둠에 갇힌 고학력, 고퀄리티, 고감성의 백조들이 안타까웠다. 그녀들을 밝은 세상으로 불러내고 싶었다.

봄·여름·가을·겨울은 예외가 없지만, 이 시대의 기상도는 확연히 달라졌다. 코로나는 1960년대 택시 이름이었다. 자동차가 귀하던 시절, 우리에겐 아랫목처럼 따뜻한 추억의 명사였는데. 느닷없이 괴물의 이름을 달고 나타났다. 그러고는 우리를 공포에 떨게 하고 입에 족쇄를 채웠다. 그런 무단 침입은 예상에 없었고 그것은 모든 상황을 헝클었다.

그렇다고 무기력하게 손 놓고 있을 수는 없지 않은가. 위기라고 생각될 때가 기회가 될 수 있다. 스스로를 들여다보면 본인의 능력과 잠재력을 발견하게 될 것이다. 그중 가성비가 높은 일이 글 쓰는 일이다. 글을 쓰면 인생을 두 번 살게 된다고 한다. 한 번은 체험으로, 한 번은 기억으로. 아무리 소중한 말이라도 말은 그 자리에서 휘발하지만 글은 아주 오래 굳건하게 우리 곁에 머물게 할 수 있다. 그리고

시, 공간의 제약도 없지 않은가. 백인百人마다 백색百色의 스토리가 일상이란 금광에 묻혀 있으니 그 원석을 캐내 형형색색 보석인 글로 제련해야 한다. 그처럼 글이 쌓이면 보물창고인 책을 내라고 권하고 싶다.

요즘 평범한 사람들이 쓴 책이 많이 출간된다. 다양한 직업군의 보통 이야기도 감동적이다. 누구나 이 세상에 왔던 흔적은 남겨야 하지 않을까. 가장 보람 있는 일이 돈도, 자식도, 명예도 아닌 책을 남기는 일이라고 감히 단언한다. 책을 92권까지 낸 지식생태학자 유영만 교수는 '책은 나침반이고 책은 창이고 책은 거울이다.'라고 했다. 삶의 방향성과 세계와의 소통과 자기성찰을 말하는 게 아닐까. 그렇게 글을 쓰게 되면 생활에 윤기가 돌고 인생도 충만해진다.

한 권의 책은 그 사람의 역사다. 여러 사람의 책을 만들며 나는 매번 그들만의 스토리에 빠져든다. 필력이나 책의 완성도를 떠나 모든 글에서 그 사람의 가치를 재해석하게 된다. 그 선한 영향력을 전도하기 위해 확성기를 들고 외치고 싶다.

"글을 씁시다!"

"책을 냅시다!"

나는 지중한 인연으로 맺어진 사람들이 제목이 되고 그들로 꽉 채워지는 책을 내고 싶다. 〈만인보〉라는 연작시처럼 만인萬人은 아니더라도 그런 수필을 쓰고 싶다. 그런 바람을 이루어 내는 것만이 목표는 아니다. 적어도 꿈을 꾸는 한 지금, 현재에 충실할 수 있기 때문이다. 낮게 날거나 높게 날거나, 천천히 날거나 빨리 날거나 나는 본연의 백조로 돌아가 내키는 대로 날아오를 것이다.

드디어 약속한 3년이 코앞으로 다가왔다.

2. 호모 해피니쿠스

신문으로부터의 사색
공항 가는 길
호모 해피니쿠스
왼손의 귀환
이천십구년 특별하게 눈이 부셨던
김 세뇨르señor
리빙코랄 같은 삶
세 가지 호칭에 대한 생각
슈퍼 울트라 맘

신문으로부터의 사색

《감옥으로부터의 사색》, 그 책을 읽고 본격적으로 글을 쓰고 싶었다. 그때 가장 값진 글감이 진실이란 것을 알았고 뼛속까지 정직하고 싶던 때라 울림이 컸다. 그러나 실현에 옮기는 일은 얼얼한 감동만큼이나 오래 걸렸다. 그 후로도 좋은 책을 만나면 출렁거렸고, 그 흔들림은 강렬하게 갖가지 별세계를 제공했다. 그리고 40년 동안 은밀하게 나를 중독시킨 안방마님 '신문'은 그 세계와의 소통에 다리가 되어주었다.

조간신문. 변화무쌍한 나를 매일 붙잡고 있는 절대불변의 공간. 한동안 아이들 뒷바라지로 분주한 그림 속에서도, 이제 각자 무대로 진출해 호젓한 풍경 뒤에서도 어김없이 같은 자리에서 기다려주고 있는 친구다.

그 잉크 냄새가 커피 향과 섞이면 어떻게 표현할 수 없는 쾌감으로 뻑뻑했다. 이내 목을 타고 내리는 커피 한 모금이

첫사랑처럼 술렁거렸다. 그 야릇한 떨림이 두근거리는 관심과 호기심을 불러들여 '아침 신문읽기'는 다급한 일을 제외하고는 양보할 수 없는 특권 중의 특권이다.

새벽 3시, 가끔 밤을 새우거나 일찍 잠이 깬 새벽엔 현관에 신문 떨어지는 소리가 들린다. 배달원이 던지는 소리가 계절마다 다르다는 말이 사실이었다. 사계절 내내 18°인 우물물에 주관이 개입하면 여름에는 더 차갑게 겨울에는 더 따뜻하게 느껴진다는 것처럼 신문에도 내 감성이 개입했다. 겨울엔 신사의 외투처럼 둔탁했고, 봄엔 처녀의 원피스처럼 쌈박했고, 여름엔 소나기에 젖은 소년의 청바지처럼 축축했으며, 가을엔 여인의 바바리코트 속 스카프처럼 고독했다.

한때 남편이 먼저 신문을 선점해서 매무새가 흐트러진 모습을 보는 건 참기 힘든 일이었다. 아무리 정리를 잘해 놓아도 필립 들레름의 맥주 첫 모금이 주는 그 황금빛 기쁨은 맛볼 수 없었으므로. 그것이 얼마나 싫은지 남편보다 일찍 알람을 맞췄고, 어쩌다 늦게 깬 날엔 남편이 화장실 간 사이 먼저 첫눈을 맞추기도 했다. 그렇다고 밤을 새운 새벽에 미리 집어오는 경박한 걸음은 하지 않았다. 적어도 신문은 현관 밖에서 한두 시간씩 새벽 숨을 고르며 숙성을 거치게 하고 싶었다. 16절지로 접힌 단정한 자태를 접하면 숨을 들이마시게 된다. 새색시 옷고름을 앞에 둔 신랑이 그랬을까.

요즘은 종이로 접하기보다 TV나 컴퓨터로 즐기는 사람들이 많아졌지만, 뉴스만큼은 신문으로 읽어야 제맛이라는 게 내 개똥철학이다. 내가 보는 일간지는 획기적인 베를리너판으로 디자인 혁명을 일으켰다. 처음엔 갑자기 줄어든 몸피가 낯설었는데 곧바로 적응되었다. 전보다 자리를 덜 차지하니 좋고, 시선도 덜 움직이니 좋고, 덩치 큰 과거보다 도회적 세련미를 느끼는 지금이 더 좋았다.

첫 페이지. 그들은 늘 성공한다. 독자의 시선을 사로잡은 다음 휘몰아 뒷장을 넘기도록 계산된 치밀함. 어떻게 그런 타이틀과 사진을 골라내는지, 그런 머리기사로 시선을 장악하는지. 30년간 북디자인으로 명성을 얻었다는 디자이너와 국제적으로 인정받은 사진작가의 절묘한 컬래버레이션이 독보적으로 전달된다.

수필도 제목이 중요하다. 작품을 천 냥으로 칠 때 그것이 구백 냥이라고 배웠다. 부실한 간판으로 주목을 못 받거나 미아가 되는 수작이 많은데, 신문기사 제목은 번번이 구백 냥을 넘어 천 냥짜리가 수북하다. 그날 기사의 성패는 제목에 달려 있다고 해도 과언이 아니니 글을 쓰는 사람으로서 부러울 따름이다.

신문은 늘 나에게 현재를 제공한다. 전 세계에서 벌어진 일들, 마크롱 최연소 프랑스 대통령의 당선과 영국 고층빌딩의 화재, 400명 이상이 사망한 아프리카의 산사태까지. 안방에 앉아 지구촌 곳곳의 기쁨과 슬픔과 안타까움을 지금now 여기서here 브리핑 받는 셈이다. 아주 철저히 준비한 누군가가 내 앞에서 극대화된 자기 언어로 프리젠테이션을 해 주고 있으니 나는 그것을 보고 읽고 들으며 사유의 근육을 키운다.

코드가 맞는 문체를 가진 칼럼니스트는 찜해 놓고 챙겨 읽는다. 기대처럼 어김없이 쫀득거리고 어느 부분에서는 잘근잘근 씹기도 하고, 또는 입의 혀처럼 착 달라붙고, 어떤 날은 송곳같이 예리함을 내세우는데도 결코 찌를 의도가 없어 보이는 그런 탁월한 필력에 슬그머니 질투가 날 지경이다. 어찌 그렇게 여우같이 홀리고 유려하게 잘 풀어내는지. 그럴 때마다 나는 심술을 주체하지 못하지만 부러우면 지는 게 아니라 이기는 거라고 마음을 굳게 다잡는다.

아버지의 영향으로 꼼꼼히 챙기는 정치면, 지역감정과 종교색에 북한관까지 대립구조로 뒤엉켜 한숨 없이는 읽기가 힘들다. 그런데도 빼놓지 않고 챙기는 것은 작은 관심들이 모이면 반드시 변화를 가져올 거라는 희망 때문이다.

광고의 배치 또한 어찌나 절묘한지. 32페이지에 무려 28건. 박스 광고까지 하면 50건에 육박하는데도, 표지 뒷장부터 빼곡한 여성잡지처럼 거부감은 들지 않는다. 수필잡지에서 일해 본 경험으로 주 수입이 광고라는 생리를 알기 때문에 나는 그런 피치 못함에 관대하다. 경험 없는 일반 독자들도 그러지 않을까 싶다.

새 정부가 들어서고 떠도는 말처럼 내가 보는 일간지의

기여가 있었는지 눈에 띄게 광고가 늘었다. 첫 페이지와 마지막 페이지를 똑같은 전면광고로 도배한 것은 용납이 되지만 매일 32페이지나 되는 지면에 수필을 위한 공간이 없다는 것은 도저히 용서가 안 된다. 광고를 위해 동분서주하는 노력 한 조각만 떼어내면 사람 사는 냄새 나는 수필 코너를 마련하는 것은 일도 아닐 텐데.

시는 한쪽 구석이지만 그래도 그들만의 영토를 갖고 있다. 심플한 삽화 밑에 '시가 있는 아침'. 어느 날 쉼보르스카의 〈두 번은 없다〉를 읽고 그날로 달려가 시집을 사기도 했다. 수필이면 어땠을까. 당연히 더 열심히 달렸을 것이다. 빼앗긴 들에도 봄이 올는지. 수필에 대한 홀대는 서운하다 못해 눈물겹다. 그러니 나를 포함한 모든 수필가는 이런 모욕적인 상황에 책임을 통감해야 할 것이다.

토요일 주말판에는 새로 나온 책이 소개된다. 세상을 더 풍요롭게 만들어 줄 신간들의 행진으로 보너스를 받는 기분이다. 그런데 하단 책꽂이에 소개된 책들의 면면을 보면 심장이 쪼그라든다. 일반 수필가가 쓴 작품집은 눈을 씻고 봐도 없다. 주로 인지도가 있거나 유명세가 있는 작가들과 외국 작가의 번역서로 도배돼 있다. 주변에 추천하고 싶은 주옥같은 수필집이 많은데 그것도 문운이 있어야 하는 걸까. 아무래도 오래전부터 수첩에 적어놓은 담당 기자들을 만나 미인계라도 써야 할 판이나 해당 사항이 안 되니 마법의 빗

자루나 요술 지팡이라도 구해야 할까 보다.

아침에 32홀을 돌고 나면 따뜻한 차 한 잔을 더 마신다. 마무리로 12코스짜리 '비즈니스', 거기서 10년째 보유 중인 주식의 매도를 매일 갈등하고 마지막 코스 땅을 지키는 십이지신 자, 축, 인, 묘, 진, 사, 오, 미, 신, 유, 술, 해와 일일이 눈을 맞춘다. 특히 닭 앞에 서서 동쪽 방향과 노란색이 길하다는 오늘의 운세를 점지 받으면 모든 운동이 끝난다.

부득이 아침 일정이 바쁠 때, 오후나 저녁 이후에 펼치고 앉은 신문은 아침 같은 찰기가 느껴지지 않는다. 신선도와 몰입도가 떨어지고 게다가 날아가 버린 시큰둥한 잉크 냄새. 어쩐지 원가 대비 큰 손해를 본 기분이 든다. 그러니 올빼미형 인간인 내가 신문만큼은 아침형 인간일 수밖에 없다.

오늘에서 밀린 신문은 어떤 수필가의 정의처럼 신문지가 되어 일상에서 다양한 봉사를 하거나 혹은 고스란히 재활용 코너로 향한다. 반드시 돌아오겠다는 무언의 약속을 남기고 먼 길을 떠난다. 그것은 왔던 자리로 돌아갈 것이다. 마치 우리 인생이 지수화풍地水火風 사대로 돌아가 끝없는 윤회를 거듭하듯이. 오랜 인고의 시간을 거치고 인연을 건너고 긴 세월을 돌고 돌아 언젠가는 또다시 내 곁으로 올 것이다.

내일 또 나는, 오늘처럼 추운 겨울 현관에서 호흡을 가다듬은 하루를, 전 세계의 하루를 어제처럼 만나고 있을 것이다.

(2018년 《한국산문》 2월호)

공항 가는 길

　새벽 5시의 올림픽 도로는 벅찼다. 이게 얼마 만인가. 코로나 사태가 일 년을 넘어가도 잘 버틴다 싶었는데. 터질 것 같은 해방감이 급습하는 것을 보니 어지간히 힘들었나 보다. 창문을 열고 비명을 지른다.
　순간 혼돈이다. 여기가 어딘가? 독일의 아우토반인가? 캘리포니아의 110번 도로인가? 아니면 저 아랫녘 새만금 방조제인가? 유쾌한 착각이 오른발에 힘을 주게 한다. 140킬로. 드디어 차가 공중 부양한다. 겨울바람도 합세해 함께 들어 올린다. 지금 달리는 건지, 날고 있는 건지. 다시, 환희의 카오스다.
　똑같은 생활에서 벗어난다는 게, 훌쩍 떠날 수 있다는 게, 닿는 곳에 누군가가 있다는 게, 이렇게 흥분되는 일인지 몰랐다. 이 도시의 회색빛 격리를 벗어난다는 게 무엇보다 기뻤다. 탈출을 위한 질주에 얼마 전에 다시 읽은 페스트 주인공들이 올라탄다. 누구보다 떠나고 싶고, 벗어나고 싶었을 지친 육신을 서로 위무한다. 폐쇄된 오랑에서 환자 치료에 혼신을 다한 의사 리유와 지식인 타루, 기자 랑데르와 연인에게 보낼 한 문장을 위해 밤마다 고민한 그랑까지. 존재 자체가 감동인 그들의 희생과 헌신이 차 안에 가득 차오른다. 고립이라는 동병상련을 공통분모로 해도 그들만큼의 간절함이 있었을까. 간극이야 크지만 동승했다는 자체로 큰 힘을 얻는다. 얼마나 지났을까. 조용히 지켜보다 흐뭇한 미소를 남기고 그들이 떠난다. 일상에 찌든 상념도 따라 나선다. 슈크란!

우측으로 오랜 친구 한강이 길게 누워 깊은 잠에 빠져 있다. 그 잔잔한 침묵이 고맙다. 소음을 유발하는 네비녀의 '솔' 음도, 전방의 제한 속도를 알려주는 번쩍거림도 전혀 거슬리지 않고 오히려 반갑다. 고분고분 그녀의 지시를 따르다가 속도 측정 카메라만 벗어나면 경주마처럼 치고 나간다. 그런 질주의 목표는 김포공항, 나는 지금 공항 가는 길이다.

몇 년 전 목가적인 영상과 배우들의 호연으로 인기를 끌었던 〈공항 가는 길〉. 그때는 문구만으로도 촉촉했는데 이제 그 '촉촉'은 미완이었다는 것을 자각한다.

언어가 미치지 못하는 곳에 길이 있다. 답답한 가슴이 뚫리고 그래서 더 눈물이 배고 그래서 더 뜨거운 이 길, 주관

主觀이 주관主管을 한다. 나는 지금 누구도 흉내 낼 수 없이 풍요로운 축복의 길 위에 있다.

운전대를 잡고 지나온 길을 돌아본다. 긴 여운에 발끝까지 감성에 젖는다. 자질구레하고 불쾌했던 기억들이 왜 없었을까. 켜켜이 쌓아 놓은 불만들이 하나둘이 아니었다. 그러나 망각이 적극 개입한다. 무슨 일이 있었니? 시침을 뗀 상쾌함이 차창을 가른다. 마치 그런 일이 하나도 없었던 것처럼 순간 딜리트, 삭제된다. 차가 도로를 가르는 게 아니라 창공을 가르고 있다는 착각이 호쾌하다.

얼마 만인가. 미안하게도 인천공항이 생기고 김포공항은 한동안 소원했다. 새것에 혹해서 홀대했고 국내선 비행기를 탈 일이 없어 더 그랬다. 해외로 나가는 길이 막히다 보니 새삼 귀한 길이 되었다. 그 길의 끝에는 비행기만 있는 게 아니다. 함께 떠날 문우가 있고 목적지인 제주에는 노 스승이 계시다. 코로나라고 제자들을 위해 미수를 취소하신 선생님.

"선생님, 저 제주 갑니다."

"에구 무슨 소리냐?"

"아무래도 선생님 특별한 생신이 맘에 걸려서요."

"그래, 마음은 고맙지만, 너도 세균 덩어리고 나도 세균 덩어리야."

청정지역 제주도 예외는 아니라며 말리셨다.

"마음만으로도 고맙다. 신경 쓰지 말고 안전하고 건강하게 잘 지내거라."

　단호하시기에 바로 마음을 접었다. 그러나 생신 날짜가 다가오자 아무래도 쓸쓸해서 견딜 수가 없었다. 역시 그렇게 느낄 선배 문우에게 전화했다. 새벽 별을 보고 출발해서 저녁별을 보고 돌아오자고 의기투합했다. 표를 끊고 렌터카를 예약하고, 서프라이즈를 위해 어젯밤 추위를 뚫고 나가 꽃다발도 준비했다. 서두르다 그 꽃다발을 베란다에 두고 왔다. 한참을 달리다 문득 생각났다.

　뜻이 같은 사람을 만나는 게 얼마나 행운인지. 무가지보無價之寶다. 매번 즉흥적이고 완벽하지 못한 나의 의도가 그녀의 공감으로 완성된다. 그저 떠오른 한 생각이 선한 영향력을 덧입으면 멋진 아이디어로 변신하는 것이다. 늘 예상한 대로 호응을 해 주는 그녀가 얼마나 든든한지. 그 동조가 폭죽 터지는 이 길로 나서게 했다. 그녀는 글 벗, 마음 벗, 인생 벗이다.

　제주도 스승께서는 많이 놀라실 것이다. 말씀을 거슬렀으니 꾸중 한 보따리는 각오하고 있다. 그러고는 이내 환하게 웃어 주실 너른 품. 붉은 노을처럼 순리대로 익어 가고 있는 스승이시다. 말 안 듣는 고집불통들이 한편으로는 얼마나 반가우실까. 우리는 선생님께 꽃보다 아름다운 제자. 아! 꽃다발을 놓고 온 이유가 있었다.

　눈치 빠른 여명이 투명한 햇살로 길을 축복한다. 졸고 있던 가로등도 일제히 사열하듯 경례하고 한강도 보석 같은 윤슬로 박수를 보낸다. 잠시 방치했던 '희망'이 기지개를 켠다. 어느새 길은 숭고한 휴머니즘으로 이어지고, 머지않아 이 팬데믹을 이겨 낼 거라는 기대가 깊은 호흡을 끌고 온다. 나는 휘파람을 불며 힘차게 액셀을 밟는다.

드디어 저기 공항이 보인다.

(2021년 《현대수필》 여름호)

호모 해피니쿠스

고등학교 1학년 때였다.
"정란아, 이따 쉬는 시간에 교무실로 와라."
담임선생님 호출이었다. 잘못한 게 없는데 교무실로 부르는 게 이상했다. 심부름이나 칭찬은 늘 그 자리에서 하시는 분이셨으니까. 교무실로 갔다. 나를 보자마자 선생님은 다짜고짜 두 손을 잡으셨다.
"그래, 새엄마 밑에서 얼마나 힘드냐."
황당했다. 어제 상담하러 온 엄마를 계모로 착각하신 거였다. 선생님은 그런 환경에도 밝은 모습이 더 마음이 아프셨다며 다크서클이 밤새 턱까지 내려왔다.
"아유, 선생님 우리 친엄마예요."
맥이 풀렸는지 슬그머니 손을 놓으셨다.
"그러고 보니 좀 닮긴 한 것 같구나."

이런 날을 예감했다. 그래서 미리 엄마한테 주문했다. '절대 젊게 하고 오지 말기.' 그렇게 부탁했는데도 스무 살에 나를 낳은 엄마는 서른일곱 이란 숫자를 감출 수 없었다. 더군다나 인물이 뛰어난 엄마는 유독 더 젊어 보였다. 다들 젊은 엄마를 부러워했지만, 평생 큰언니냐는 소리를 들은 나는 지겨웠다. 매번 그 소리가 싫은 나와 달리 엄마는 어떠셨을까. 민망하면서도 내심 좋으셨을까. 일부러 노티를 낼 수도 없어 난감하셨을지도 모른다.

나는 은자가 부러웠다. 수더분한 모습으로 할머니같이 큰 소리 한 번 없이, 그저 딸이 예뻐서 허허 웃기만 하시고 용돈도 원하는 대로 주고 은자가 하는 뻔한 거짓말에도 속아 넘어가는 인자한 은자 엄마가 부러웠다. 나는 심지어 은자 엄마의 자글자글한 주름까지도 고와 보였다. 그런데도 바보같이 은자는 젊고 예쁜 우리 엄마가 좋다며 자기 엄마가 학교 오는 것을 부끄러워했다. 나는 당시 그런 은자가 이해되지 않았다. 게다가 내가 동생 셋이라 본을 보여야 하는 '맏이'인 것에 비해 달랑 언니만 있는 것도 샘이 났다. 나도 외동이나 막내였으면 얼마나 좋았을까. 자존심 때문에 내색은 안 했지만, 은자는 여러 면에서 나를 주눅 들게 했다.

언니는 물론 여동생도 없이 남동생만 다섯인 고명딸인 엄마, 그래서 당신의 딸 셋에게 지나칠 정도로 지극정성이었다. 막내로 아들까지 낳아 어린 나이에 사 남매를 혼자 건사

하랴 힘드셨을 것이다. 그저 '엄마'라는 의무감에 어리고 여린 어깨가 짓무르지 않았을까. 그러니 은자 엄마와 같이 느긋한 여유는 토끼가 방아 찧은 달나라 얘기였을 것이다.

하필이면 큰딸인 내가 허니문 베이비를 가져 엄마는 마흔일곱에 또 젊은 할머니가 되셨다. 철모르고 기른 당신 자식과 달리 손주는 별천지 같은 존재였다. 요즘은 그 나이 출산도 가능하니 완전 늦둥이 같았다. 나는 혼기가 차서 결혼했는데도 직장인, 주부, 아내, 엄마, 며느리 노릇을 하느라 그야말로 5중고에 시달렸다. 덕분에 나는 편했고 엄마도 행복해 보였다. 4년 후 둘째가 태어나고 그사이 여동생들도 결혼해 '엄마의 육영사업'은 걷잡을 수 없이 번창했는데, 그 무렵 미국으로 이민 가셨다. 그러나 극성스러운 할마마마는 큰 트렁크를 두 개씩 끌고 LA와 한국을 넘나들었다. 다행히 손주들이 커가면서 당신의 한국행은 점차로 줄어들었다.

그렇게 숙제를 다 마치고 우아한 노년을 즐기실 때 반갑지 않은 소식이 태평양을 건넜다. 내가 11년 만에 늦둥이를 가진 것이다. 당연히 호통 치는 소리가 비행기보다 빨리 도착했다.

"그 나이에 골프나 치러 다닐 것이지 무슨 일이라니?"

나도 폐경인 줄 알고 찾아간 산부인과에서 뒤통수를 맞은 참이었다.

"엄마, 인생이 마음먹은 대로 되냐고요."

결국 엄마는 산바라지를 위해 또 한국에 오셨다. 더 이상 나무라지는 않고 자조적인 목소리로 일깨워주셨다.
"너 원 풀었구나. 그렇게 늙은 엄마 타령을 하더니."
그제야 알아차렸다. 한때 간절히 바랐던 내 바람이 씨앗이 되어 발아한 것을. 나이 든 엄마를 그렇게 부러워했던 내가 드디어 나이 든 엄마로 소원을 이룬 것이다.
위로 두 아이를 기르며 똥 기저귀를 갈고 육아로 힘들었던 일들은 하나도 기억나지 않았다. 그저 야리야리한 분홍빛 속살, 방긋거리는 미소와 터키석 같은 눈망울, 가슴팍에 꼭 안기는 보드라움만 떠올랐다. 마치 처음 아이를 출산한 새댁처럼 모든 게 새로웠다. 세상의 중심을 다시 설정한 채 출산 후의 세월을 몽땅 헌납했다.
다행히 늦둥이는 은자 같지 않았다. 은자처럼 늙은 엄마를 부끄러워하거나 싫어하지 않았다. 오히려 왕언니라고 나이가 제일 많은 엄마를 자랑스러워했다. 이상한 계산법에 행복해하며 나는 은자 엄마보다 훨씬 더 관대했다.
이제 팔순 중반인 엄마는 아직도 큰언니 같으시다. 그렇게 싫던 말이 이제는 자랑스럽다. 친구들의 부모님은 거의 부재중이시다. 아직 정정하신 엄마와 더불어 구순이 넘은 아버지도 내게는 홍복이다.
"지들은 젊은 스타일의 옷을 입고 왜 나는 할머니 같은 옷만 사주냐?"

세 딸에 대한 엄마의 불평이 오히려 고맙다. 노년이 활기차다는 증거니까. 엄마는 여기저기 노환으로 예전 같지 않으시나 아직도 여덟 명이나 되는 손주까지 안부를 챙기는 현역 그랜드마마시다. 지금도 영어의 나라에서 굴하지 않고 당당한 한국말로 황혼을 즐기고 계신다.

백세시대다. 엄마께서는 십 년 이상 우리 곁을 지켜주실 것이다. 올해 스무세 살인 늦둥이가 오십 살이 될 때까지 나도 '엄마'라는 이름표를 달고 있지 않을까. 세상에서 가장 아름다운 단어로 오래도록 불리고 싶다.

'젊은 엄마를 둔 것, 늙은 엄마가 된 것.'

나는 복이 많은 호모 해피니쿠스임이 틀림없다

왼손의 귀환

 미국서 친구가 왔다. 그녀는 매년 한국에 와서 두어 달 정도 머물다 가는데 그때마다 동창들을 소집했다. 이번에도 강남역서 만나자는 것을 우리 집으로 초대했다. 이사도 했으니 모처럼 친구들에게 따뜻한 밥 한 끼 대접하고 싶었다.
 하루 전부터 준비했더니 근사하게 식탁이 차려졌고 친구들은 소풍 나온 애들처럼 즐거워했다. 두 다리 뻗고 앉아 끝없는 수다와 웃음으로 출출해진 친구들을 위해 냉장고를 털었다. 커피는 기본이고 과일, 쿠키, 치즈, 초콜릿, 요구르트, 아이스크림까지. 기다렸다는 듯이 다섯 명은 접시를 싹싹 비우며 늦은 오후까지 회포를 풀었다.
 친구들을 배웅하고 빈 냉장고를 채우기 위해서 아파트 앞 상가에 나갔다. 수지로 이사 온 후 걸어서 장 보러 가기는 처음이었다. 코앞의 마켓도 장바구니가 무겁다고 차를 가지고 갈 정도로 몸을 사리는데 그날은 뭔가 일진이 꼬였다.

 몇 가지를 산 뒤 살짝 오르막인 아파트 정문으로 들어서 20미터쯤 걸었을까. 갑자기 오른쪽 슬리퍼가 꺾이더니 내 몸이 시야에서 사라졌다. 머리는 땅, 엉덩이는 하늘, 오른손에 든 핸드폰을 보호하려고 몸을 트는 바람에 체중이 실린 왼손은 엿가락처럼 뒤로 꺾인 채 바닥에 내동댕이쳤다. 창피해서 아파할 사이가 없었다. 초소 안과 밖에 서 있던 경비 두 분이 동시에 달려왔다.

 "괜찮으세요? 사모님, 다친 데는 없으세요?"

 워낙 크게 낙하하는 바람에 걱정이 되었을 것이다. 바닥에 내팽개쳐진 장바구니에서 데굴데굴 굴러가는 사과랑 장 본 것들을 주워 담아 주셨다.

 "아, 괜찮습니다. 어서 볼일 보세요."

 고맙다고 인사하고 집을 향하는데 상태가 말씀이 아니었다. 청바지 속 양쪽 무릎은 걸을 때마다 쓰라렸고 왼손은 신음이 새어 나올 정도로 아팠다. 원인 제공을 해놓고 천연덕스럽게 걷고 있는 슬리퍼만 멀쩡했다. 집에 와서 보니 무릎에서 피가 흘러 발등을 덮었고 왼손도 여기저기 다 까졌다.

 다음 날 아침, 왼손이 찐빵처럼 부었다. 다행히 손가락은 움직일 수 있어 신통하다는 호랑이 크림을 찾아 바르고 '제발' 하면서 하루를 보냈다. 하지만 그다음 날, 더 볼썽사납게 부어올랐고 손가락 끝만 움직여도 아팠다. 그제야 정형외과에 갔다. 의사 손에 들린 엑스레이 사진, 검은 바탕에 하얀 뼈는 예상대로 무사했다. 40분이나 걸린다 해 물리치료는 안 받고 소염제만 사 왔다. 골절은 면했으니 이제 남은 것은 시간 싸움이었다.

  병원에서도 최고의 치료는 손을 쓰지 않는 것이란다. 어차피 조금만 움직여도 아프니 왼손은 장기 휴가를 보내야 했다. '오른손이 아닌 게 얼마나 다행인가.'라는 생각은 반나절도 안 되어 반납했다. 왼손은 노골적으로 존재감을 드러냈다. 알고 보니 다른 사람보다 나는 왼손을 더 많이 쓰고 있었기 때문이다. 밥 먹는 것, 글씨 쓰는 것을 제외하고는 두 손의 비중이 같다는 것을 몰랐다. 그러니 결코 다행이 아니었다.

  인도 사람은 오른손으로 식사, 왼손으로 화장실 뒤처리를 한다는데 전생에 그 나라 사람이었는지 나도 그랬다. 왼손을 대신해 오른손이 막중한 일을 하려니 과정은 부실했고 결과는 찜찜했다. 그것은 시작에 불과, 한 손만으로 할 수 있는 일이 드물었다. 병뚜껑을 여는 사소한 것조차 그랬다. 왼손을 못 쓰니 겨드랑에 끼고 비틀어도 헛돌았고 넓적다리 사이에 넣고 돌려도 막무가내였다. 아침마다 일과였던 과일 깎기는? 도도한 사과 앞에서 왼손의 협조가 없는 오른 칼잡이는 무용지물이었다. 자발적으로 술술 옷을 벗던 귤과 바나나도 나와 오른손을 비웃었다. 만만한 일회용 커피는 어떤

가. 오른손으로 잡고 왼손으로 경쾌하게 절개선을 잡아채는 그 쾌감을 반납한 채, 오른손에 쥐고 이빨로 해결해야 했다. 우아하고는 담을 싼 모습이라 누군가는 커피를 외면했겠지만 나는 굿모닝을 위한 필수 루틴이라 매일 아침, 어떤 날은 두세 번 그 짓을 했다.

운전은 어떤가. 지금까지 오른손이 메인이고 왼손이 보조인 줄 알았던 오른손은 어쩜 그리 무신경했는지. 그것 역시 왼손이 주연이었다. 오른손은 그저 조연으로 커피 텀블러를 든다거나, 음악을 튼다거나, 내비게이션을 찍는 사소함을 담당하고 있었다. 그동안 왼손 엄지와 검지 사이로 핸들 중심을 잡았다는 사실도 인지하지 못했다. 베스트 드라이버로 주름잡다 모양 빠지게 왼손은 옆구리에 붙이고 오른손으로만 운전대를 잡고 비상등을 깜빡이는 거북이 신세로 전락했다.

전 세계의 오른손잡이와 왼손잡이 비율이 나라 불문, 인종 불문 무조건 9:1이다 보니 하늘 높은 줄 모르고 자기가 우두머리인 줄 알았다. 오른손은 나보다 더 놀랐다. 오른손을 관장하는 좌뇌가 언어를 담당하고 이성적이고 논리적이다 보니 자부심도 강했다. 왼손을 관장하는 우뇌가 공감 능력이 높고 창의적이며 감성이 뛰어나 서로 보완하고 있는 것도 인정하지 않고, 오직 자기를 보조하는 하수로 알고 있다 허를 찔린 것이다. 자존심이 상했지만 어쩌랴. 혼자 해낼 수 있는 것은 악수나 손가락질, 헤어질 때 인사 정도로 제한적이었으니. 오른손은 비로소 안하무인에서 벗어났다. 사람 몸에 붙어 태어난 이래 함께 공생하고 공용하고 있다는 것을 인정하게 되었다.

우리 몸은 팔, 다리, 간, 위장 등 대부분 한 쌍으로 이루어져 있다. 왼쪽에 있는 심장만 빼고는. 그 심장을 감쌀 수 있어 오른손의 비중이 커진 것일까. 살펴보면 모든 시설이 오른손잡이가 편리하게 되어 있다. 도로도 우측통행, 문의 손잡이도 오른쪽 그리고 변기의 레버 등등 대부분이 그렇다. 요즘에야 왼손잡이 중에 천재가 많다 하고 야구선수들도 좌완 투수나 타자의 대접이 달라졌지만 오랜 기간 오른손잡이가 권세를 누리다 보니 아직도 그런 불평등의 잔재가 많이 남아있다. 마치 남녀평등 시대라 부르짖으면서 실제로 성차별이 사회 곳곳에 포복해 있는 것처럼.

특히 생활하는 데는 양손의 협업이 필요하다. 그것도 완벽을 위해서는 절대 필요하다. 비단 양손뿐이겠는가. 균형을 잡고 움직이려면 두 발이 필요하고, 새도 두 날개가 있어야 하늘로 비상할 수 있고, 사람도 남녀가 음양의 조화를 이루어야 인류에 이바지할 수 있고, 나라도 보수 진보 양 진영이 있어야 건강한 국가가 되는 것처럼 공존만이 살 길이다.

몇 달이나 고생하고 돌아온 왼손을 오른손이 반갑게 맞는다. 매번 수하처럼 취급했던 것을 사과하듯 깍지를 낀다. 드디어 동등한 대접을 받게 된 왼손의 무사 귀환. 아픈 만큼

성숙해진 게 분명하다. 두 손을 나란히 모으니 주인마님도 경건해진다. 그 사소한 동작조차 얼마나 감사한지.

앞으로는 양손을 잘 대접해 모시고 자주 물개박수로 고마움에 화답하며 살아야겠다.

(2017년 《에세이피아》 가을호)

이천십구년 특별하게 눈이 부셨던

 어느 날 나는 느닷없이 선물을 받았다. 어울리지 않는 것이었다. 불규칙하게 늘어져 있던 일상과 제도권에서 벗어나 오래 뒹굴던 시간이 화들짝 놀랐다. 마음의 근육을 펴고 사명감이란 큰 가방을 꺼내 드니 그럭저럭 모양새가 갖추어졌다. 무엇보다도 '너는 할 수 있다.'란 확고한 믿음과 응원이 내 안에 웅크려 있던 열정을 북돋우어 주었다.
 그리하여 나는 아침저녁 한 시간이 넘게 지하철 여행을 해야 했다. 낯선 풍경에 이상한 나라의 앨리스가 되어. 한동안 두리번거렸다. 막연한 공감에서 구체적 체험으로 이어지니 뒤엉킨 정서로 하루하루가 어지러웠지만, 그렇게 혼란스러운 만큼 하루하루가 튼튼해졌다. 얼마 되지 않아 어디서 타야 사람이 적고, 어디서 내려야 환승 거리가 짧고, 어느 출구가 계단과 가깝다는 것을 파악하게 되었다. 일주일 후엔 급기야 '누가 일찍 내릴 것인가?' 살피는 관상쟁이로 변신했고, 잠시 망설이면 코앞의 자리도 뺏긴다는 공식과 조금 비켜선 자리를 탐내는 것에도 죄의식 없이 적응했다.

그렇게 한 달을 보내고 일주일 되는 날. 그날은 어버이날이었다. 작년에는 둘째까지 홍콩으로 떠나고 우리만 남게 되자 축하가 요란했다. 꽃다발과 케이크, 용돈이 날라 왔지만 어떤 것도 셋의 빈자리를 채워주지는 못했다. 올해는 '너희가 곧 선물'이니 쓸데없이 돈 낭비하지 말라는 남편의 부탁 덕분인지, 계좌로 용돈이란 명목의 종잇장만 도착했다. 물론 다양한 이모티콘과 살가운 멘트가 가족 단톡방에 '카톡카톡', 시끄럽기는 했다.

남편이 측은하게 느껴져 흔한 카네이션 화분이라도 하나 사줄걸 하고 후회했다. 아이들이 고사리손으로 만들었던 유치한 색종이 카네이션까지 그리울 줄이야. 짠했다. 행여 쓸쓸함이 전염될까 봐 톤을 높여 말했다.

"에구, 어버이날을 축하합니다요."

항상 카네이션이 매달려 있던 왼쪽 가슴이 오늘은 종일 허전할 것이다. 알맹이 없는 대화로 치렁치렁한 감성을 걷어내고 출근길에 올랐다.

앉겠다는 마음을 비우고 섰는데 앞 남자가 다음 정거장서 내렸다. 뜻밖의 횡재에 우울했던 감정은 간사하게 봄눈 녹듯 녹았다. 참을 수 없는 존재의 가벼움으로 광대뼈 쪽을 향하는 입꼬리. 눈을 감고 습관이 된 문장을 명치에 보낸다. '감사합니다.' 얼마나 지났을까, 슬그머니 눈을 떴다. 벌써 한강 다리였다. 건너편으로 보이는 강물의 윤슬에 눈이 부셨다.
 그때였다. 아무런 방송 멘트 없이 가사 없는 멜로디가 흘러나왔다.

    나실 때 괴로움 다 잊으시고
    기르실 때 밤낮으로 애쓰는 마음(…)

 순식간에 전철 안은 카네이션으로 가득 찼다. 통로 가득 빨강, 분홍, 노랑, 보라의 꽃들로 그득했다. 그것은 그날 아침, 어버이에게 혹은 어버이를 둔 아들딸에게 그립거나 외롭거나 죄송하거나 했던 시린 마음을 꼬옥 안아주었다. 서로 외면하는 시선과 떨군 고개에 노래가 스며들어 감사와 회한이 물감처럼 번졌다. 눈가가 촉촉해졌다. 앞뒤 말이 붙지 않아 더 감동이던 기관사의 배려, 그 따뜻한 친절이 전철을 내려서도 한참을 따라왔다.

 퇴근길이었다. 양재에서 신분당선을 갈아타면 언제나 서서 갔다. 번거롭지만 교대에서 2호선을 갈아타고 강남역에서 타면 종점이라 앉을 수 있다. 급한 일도 없고 피곤해서 그러기로 했다. 두 번의 환승은 시간도 더 걸리고 제법 걸어야 했지만 서서 짐짝이 되는 것보다는 낫다 싶었다.

　강남역도 복잡했다. 종점이라도 민첩하게 행동하지 않으면 헛수고였다. 자리가 없으면 다시 내려 다음 차를 타기도 했는데 가끔 '영악'이 '똑똑'과 동격이라는 착각에 빠진다. 다행히 앞쪽이라 계획대로 앉았다. 눈을 감고 작전 성공에 흐뭇해하며 옅어지는 피로감을 즐기고 있었다.

　한두 정거장쯤 갔을까. 잠시 뜬 눈 사이로 오른쪽 끝에서 계신 백발 노신사가 들어왔다. 범상치 않게 올백으로 넘긴 흰머리 때문이었을까? 사람들을 비집고 봉을 붙잡은 그분의 팔이 앙상해 보여서였을까? 옆으로 네 명이나 앉았으니 양보하기에도 짧은 거리가 아니었다. 하지만 그들은 다 스마트폰에 잠수 중이고, 아니더라도 양보할 기미는 보이지 않았다. 노신사 쪽을 쳐다보았다. 눈이 마주쳤고 여기 앉겠냐고 손가락으로 사인을 보내니 고개를 끄덕이셨다. 내가 자리에 일어서자 그분은 청년을 건너고 아가씨를 거치고 학생과 젊은이를 지나 힘겹게 내게 오셨다. 앉으시며 고맙다는 말씀도 없었다. 무척 힘드셨구나 싶었지만 내게도 금쪽같은 자리라 살짝 서운했다. 잠시 후, 그것을 알고 계신다는 듯 무거운 내 가방을 끌어당겨 무릎 위에 놓으셨다. 문득 그때, 그날이 어버이날인 게 다시 생각났다.

　'아, 아버지!'

　차창에 올해 구순을 맞은 아버지가 만면에 웃음을 띠고

서 계셨다. 멀리도 오셨다. 엄마까지 함께 노신사 바로 뒤에서 역시 내 딸이라며 엄지손가락을 추켜세웠다. 태평양을 건너오신 두 분께 나는 커다란 카네이션을 달아드렸다. 꼭 안아드렸더니 온몸이 바닷물로 흠뻑 젖었다.

  노신사는 나보다 먼저 내리셨다. 내리면서 인사를 하시는데 그 소리가 어찌나 우렁찬지, 큰스님이 내리치신 주장자처럼 쩌렁쩌렁하게 전철 안에 울려 퍼졌다.

"고~맙습니다!"

  그 말씀을 내 마음이 덥석 업었다. 그러고는 세상으로 내달렸다. 내 아버지, 어머니 그리고 어느 생에서는 내 부모님이기도 했을 모든 부모님을 향해서 한참을 달렸다.

  특별하게 눈이 부신 이천십구년 어버이날이었다.

(2019년 에세이문학작가회 동인지)

김 세뇨르señor

 운동도 유행이 있는 것 같다. 한때는 테니스, 농구가 대세였고 언제부터인가 탁구와 배드민턴이 붐을 이루더니 몇 년 전부터 다시 당구가 왕위를 차지했다. 공로자는 정년퇴직 남자들이다. 능력과 열정은 한때와 못지않은데, 어쩔 수 없이 일선에서 떠밀려 난 신사들의 아지트가 되었다. 그것도 검박한 '만 원의 행복'으로.

 댄스도 그랬다. 처음 붐을 이룬 것은 에어로빅이다. 문화센터가 생기며 요가 교실이 인기를 끌었고 벨리댄스, 플라멩코 무엇보다 음지에 있던 카바레 전용의 스포츠댄스가 주민센터마다 오픈했다. 이어 방송댄스, 줌바댄스가 흥이 많은 젊은 층의 호응을 받나 했더니 다양한 연령층을 수용하는 라인댄스가 부상했다.

 나는 수지로 '이민'하고는 역마살이 줄었다. 새집의 구심력이 강한지 가능하면 집에 있고 싶었다. 그렇게 집순이로 뒹굴다 보니 몸피가 두꺼워졌다. 관리비에 일괄 부과하는 7천 원을 떠올리며 커뮤니티센터에 갔다. 피트니스와 골프 연습장, 탁구실 그리고 도서관과 개인 독서실이 있고 소강당에선 요가와 라인댄스도 한다고 했다. 금맥을 찾은 기분이었다.

이전 동네에서 일 년 정도 라인댄스를 했다. 국적을 넘나드는 리드미컬한 음악에 단조로운 안무라 부담이 없었다. 애매한 오후 시간이라 밥 먹듯 결석했는데도 올드팝과 라틴 음악, 한국에서 유행하는 발라드 힙합 트로트 등 선곡에 따라 같은 동작의 군무를 추는 것은 생각보다 즐거웠다. 음악을 좋아하다 보니 흥이 절로 났다. 반복되는 동작이라 운동과 춤, 두 마리 토끼 사냥으로 가성비가 좋았다.

수강 안내를 살펴보는데 강사 이름이 남자였다. 남자 선생님이라. 가슴까지 파헤친 상의에 배꼽까지 올라온 댄스 팬츠를 입은 모습이 그려져 눈 둘 곳을 잃었다. 스팽글이 잔뜩 달리고 몸매가 드러나는 야시시한 댄스복을 입은 여선생이 정석인데. 아니지 남자 이름을 가진 여자일지도 몰라. 덕남, 종구, 정균이도 여자이듯 '경섭'도 그럴 거야. 기대를 부풀리며 전화를 걸었다. 불행한 예감은 적중률이 높다던가.

"아, 네 네, 잘 알았습니다. 한 번 가겠습니다."

확인 사살하고 전화를 끊었다. 수강 시간도 월, 수, 금 그것도 밤 9시에서 10시면 소파 우먼에서 벗어날 수 있는 황금 타임인데. 아쉬웠으나 아닌 것은 아니라는 유별난 결벽증이 관념의 턱을 넘지 못했다.

찝찝한 서너 달이 지났다. 오래 비어 있던 901호, 옆집이 이사를 왔다. 붙임성 있고 상냥한 그녀와 다음 날 커피 타임에 이것저것 알려주다 라인댄스 얘기가 나왔다. 스포츠댄스를 했다는 그녀는 반색을 하며 월요일인 그날 당장 가보겠다고 했다. 그러더니 밤 10시, 숨찬 소리로 전화했다.

"언니, 라인댄스 선생님 완전 아이돌이예욧."

다음 날, 그렇게 길고도 긴 화요일은 처음이었다. 급기야 수요일이 왔고 저녁을 먹고 앉아 시계만 쳐다봤다. 8시 50분. 901호와 함께 출발했다. 커뮤니티의 문을 열고 신발을 갈아 신고 소강당에 들어선 순간 정말 TV에서만 보던 아이돌이 서 있었다. 웨이브 진 단발머리에 조막만 한 얼굴, 구멍 난 청바지에 셔츠 앞을 살짝 바지 속에 넣은 힙합 패션의 삐쩍 마른 선생님은 내가 상상한 것보다 더 연예인 같았다. 쌍꺼풀 없는 작은 눈도 느끼함과는 거리가 멀었다.

간단히 신입생 소개를 하고 스트레칭에 이어 시작한 첫 곡이 〈아모르파티 amor fati〉. 필연적으로 다가오는 운명을 거부하지 말고 개척하라는 니체의 권고처럼 운명의 댄스가 나를 영접했다. '운명을 사랑하라.'는 내 좌우명 아닌가. 첫날부터 신이 났다. 머리 쓰는 것보다 몸 쓰는 게 쉬운 나는 굴러온 돌이지만 금방 안무를 익혔다. 시행착오를 겪은 김연

자가 신세대들에게 '결혼은 선택, 연애는 필수'라고 강한 비트에 목청을 높여 메시지를 전달하고 있었다. 처음인데 잘한다는 선생님의 칭찬에 속 끓인 몇 달을 보상받았다.

정원 15명. 한두 명 결석은 있지만 전업주부마저 주방에서 퇴근하는 시간대라 출석률이 높다. 여린 선생님은 매시간 줌마렐라들의 쭈뼛대는 열정을 깨우기 위해 우렁찬 구령으로 열심이다. 혹여 과한 동작으로 다칠까 염려하면서도 우리 동작을 코믹하게 흉내 내 수업 중에 네다섯 번은 폭소를 터지게 한다.

몇 달이 지나자 음악만 나오면 안무가 자동으로 기억되었다. 단어를 기억하기 위해 쥐어짜는 머리보다 그런 몸이 경이로웠다. 40대 초에서 70대 말까지 거의 40년을 뛰어넘은 세월이 함께 숨을 몰아쉬며 건강을 키우고 있다. 그렇게 50분씩 땀을 흘리면 '일주일에 세 번, 삼십 분 이상 땀 흘리는 운동을 하는가?'라는 건강검진 문진표에 자신 있게 '예스 ☑'라고 체크할 수 있다.

그런 중에 코로나로 직격탄을 맞았다. 휴강이 길어지자 단톡방은 온통 선생님 걱정이었다. 대면 수업이라 모든 강좌를 닫아 수입도 끊겼을 거라고 애면글면했다. 마치 아들처럼, 조카처럼, 동생처럼. 그러나 방법이 없었다. 그저 기다리며 가끔 단톡방에 안부를 챙기는 정도가 다였다. 2년쯤 지나고 어느 정도 진정 기미를 보이자 관리실 전화에 불이 났다. 결국

라인댄스는 마스크를 착용한다는 조건으로 오픈했다. 햇수로 3년 만에 보는 선생님은 걱정보다 단단해 보였다. 수강생인 우리도 오래 쉬어 그 사이 연식도 늘어났고, 마스크 때문에 숨이 찼지만 잃은 혈육을 만난 것 같은 기쁨에 시간 가는지도, 힘든지도 모른 채 그저 신이 났다.

한때 세계적으로 인기를 끌고 있는 카밀라 카베요의 〈세뇨리따〉가 대세였다. 남녀 듀엣의 허스키한 음색이 어찌나 섹시한지. '샤~랄라라'에 맞춰 양손을 펼치며 슬라이딩할 때는 마치 내가 여주인공이 된 느낌이다. 누군가 내 귀에다 은밀하게 '세뇨리따!'라고 속삭이며 손을 내밀 것 같은 환상에 빠진다. 나뿐인가, 아마도 그 음악과 안무에는 모두를 막론하고 일체가 다 세뇨리따가 될 것이다.

그리고 앞에는 우리의 유일한 '세뇨르señor'가 있다. 이젠 50살이 다 되었을 텐데도 여전히 단발 파마머리에, 깡마른 20대 후반 같은 패션에, 여전히 동작 하나하나에 힙합 느낌이 물씬 배어 있고, 여전히 수강생과 불필요한 말은 안 하지만 구령은 천장을 뚫을 듯한, 여전히 시간을 넘기지 않고 칼같이 수업을 끝내는 담백하고 섹시한 라인댄스 선생님.

월·수·금, 밤 9시 10분 전. 101동에서 110동의 현관문이 열리며 방사처럼 펼쳐진 10개 동에서 한 군데를 향한 힘찬 발걸음이 출발한다. 저번 시간에 배운 〈선샤인 인 더 레인 Sunshine in the rain〉이 걸음 사이로 숨어든다. 음악을 앞세우고 걷는 엄마와 이모와 누나의 어리숙한 밤길을 환하게 비춰주는 랜턴은 바로 라인댄스 선생님, 우리의 영원한 세뇨르 señor 김경섭 선생님이시다.

리빙코랄 같은 삶

S군은 아버지를 미워했다. 어머니를 무시하는 게 싫었다. 유교적이고 가부장적이고 남존여비 사상의 수장 격인 아버지. '여자'라는 이유로 절대적 순종을 강요하는 아버지의 횡포를 혐오했다. 아버지를 닮지 않을 거라고 결심 또 결심. 형님과 누나, 네 명이나 있었지만 막내인 S처럼 엄마를 가엽게 여기지 않았다. 당시엔 동네 전체가 그런 풍조였으니까. 큰형보다 무려 16년 뒤에 태어난 S만 애달아했다.

게다가 S의 아버지는 특별히 인물이 잘났거나 만석꾼도 아닌데도 여인네들이 꼬였다. 얼굴이 갸름하고 미인형인 엄마를 두고 한눈을 파는 아버지가 도저히 이해가 안 되었다. 어머니는 잎담배를 피웠다. 새까만 속을 달래기 위해서는 독한 담배가 해법이었을 것이다.

중학교 때부터 서울로 유학 온 그는 늘 엄마 걱정뿐이었다. 엄마도 온종일 막둥이 걱정이었던 것처럼. 방학 때 갈 때마다 변함없는 아버지를 보며 결혼의 싹을 잘랐다. 양반이라고 밥상머리 교육하고는 동떨어진 모순된 모습을 보며 철저히 독신을 굳혔다. 그때 그의 미래는 짙은 먹색이었다.

 스물아홉에서 서른으로 건너는 길목에서 W라는 아가씨를 소개받았다. 집요한 친구의 청을 거절할 수가 없었다. 여자는 도시 출신답게 밝고 아주 세련된 모습이었다. 그녀가 배가 고프다며 굵은 벨트를 풀고는 불고기를 서슴없이 먹는 모습에 반했지만 자기를 무시하는 것은 아닐까 하는 오기도 생겼다.

 명랑한 아가씨는 도통 심각한 게 없었다. 뭐가 그리 즐거운지 매번 재잘대고 매번 깔깔댔다. 처음엔 좀 낯설었지만, 어느새 그의 하늘도 덩달아 화창하게 개었다. 우중충하던 일상에 볕이 들고 웃는 일이 잦아졌다. 하루하루가 빨주노초파남보. 그녀와 함께라면 부모님처럼 살지 않을 게 확실했다. 그저 일편단심 그녀가 사랑스러웠으니 아버지와 다른 유전자를 가진 게 분명했다. 그때 그의 미래는 진한 핑크였다.

 결혼을 하고 싶었다. 한학과 역학에 능통한 아버지가 궁합이 안 좋다며 반대했다. 속으로 반대할 자격이나 있나 싶었지만 그녀를 놓치면 동굴을 파고 들어앉을 것 같아 반대를 반대했다. 신랑감이 너무 말랐다는 장모님의 반대까지 이겨내려고 못 먹는 술을 받아 마시고는 전봇대로 향하고, 다시 주당인 외삼촌의 술잔을 받아내며 결국 승낙을 받았다. 이상적인 가정을 꾸릴 자신이 있었다.

  막내아들과 장녀, 환상의 조합이었다. 꿀 같은 찐득한 신혼이 계속되었다. 첫째가 태어나고 4년 후 둘째가 태어난 후, 온통 매력적으로 보이던 것에서 이질감을 느꼈다. 활기찬 아내가 점점 철없이 보이고 육아와 가사를 힘들어하는 게 엄살같이 느껴졌다. 애들은 뭘 해도 예뻤지만, 아내는 아니었다. 언제부터였는지 자꾸 엄격해지는 마음이 스멀거리기 시작했다. 내 안에 엄마를 무시하던 아버지의 DNA가 자라나기 시작한 것일까. 지킬과 하이드 같은 이중성에 S는 괴로웠다. 그녀가 하는 것에는 사사건건 트집을 잡기 시작했고 그것을 지켜보던 아내는 S에게 특급 처방을 내렸다.

  "그대에게 박사학위 두 개를 더 수여합니다."

  S는 공학박사에다 졸지에 치명적인 학위를 더 받게 되었다.

  "신경질 박사! 그리고 잔소리 박사!"

  모함이었다. 자기 딴엔 옳은 행동이 그렇게 비치는 게 억울했지만, 상대가 그렇다니 인정했다. 말이 생각을, 생각이 행동을, 행동이 습관을 만든다는데 싫어 기존 학위만 남기고 나머지는 빠른 시일 안에 반납하고 싶었다. 툭하면 지적하는 S를 향해 아내는 미리 하얀색 깃발을 흔들었다. 투쟁은 없었고 투항만 있었다. 그리고 그녀는 S 앞에서 웃음도 말수도 잃어갔다. 그때 그는 무거운 브라운이었다.

S가 무력감에 빠지고 사는 즐거움이 옅어질 때 늦둥이가 태어났다. 다시 결혼한 느낌이었다. 서서히 관점이 해체되면서 긍정으로 돌아섰다. 팔불출처럼 주위 사람에 권하고 다닐 정도였다. 반짝반짝한 아이는 S는 물론 가족 모두를 투명하게 했다. 다행히 그때 늦둥이의 영향으로 신경질 학위를 반납했고 접수 처리가 되었다.

그러다 아내의 손에 이끌려 마음공부를 만났다. 주로 명상을 하며 자기의 실체를 바라보는 수행이었다. 누구나 물방울 같은 존재로 결국엔 바다에 이르게 된다는 것, 갈등은 상대를 둘로 보기에 비롯된다는 것, 내가 존재하기에 모든 게 벌어지니 다 내 탓이라는 것, 모든 것을 내려놓고 근본으로 돌아가면 일체가 모두 한마음이며 두두물물이 다 부처라는 것을 알게 되자 세상을 읽는 눈이 바뀌었다. 아내는 둘도 없는 자신의 도반이라는 것도 비로소 깨닫게 되었다. S는 서서히 초심으로 돌아가게 되었고 아내도 차츰 원래의 그녀로 되돌아갔다.

결혼 35주년을 맞아 S는 큰 결단을 내렸다. 친구들은 작은 집으로 줄여 가는데 오히려 명품 공기를 찾아 큰 평수로 이사를 했으니. 더군다나 딸 셋은 꿈을 찾아 항해를 떠나 있어 둘만 살고 있다. 마치 콘도 같아서 그렇게 원했던 전원생활을 어느 정도 충족시킬 만큼 전방위에 자연을 접하고 있다. 덕분에 S는 충만한 하루하루를 살고 있다. '밝은 오렌지

색으로 따뜻하고 긍정적이며 활력과 생명력을 의미하는 색', 이제 그의 삶은 리빙코랄이다.

  다만 아쉬운 것은 아직도 '잔소리 학위'를 반납하지 못했다는 사실이다. 조만간 처리될 날을 기다리며 아내의 주문대로 주머니는 열고 입은 닫으려고 오늘도 눈썹이 휘날리게 노력 중이다.

(2019년 《현대수필》 봄호)

세 가지 호칭에 대한 생각

언니

하기 힘든 말이 있다. '언니'라는 호칭. 그 말은 죽어도 목 터널을 통과하지 않는다. 과장이 심했나? 죽인다면야 마지못해 나오긴 하겠지만. '언니'를 못하는 것은 내가 장녀라 한 번도 불러보지 못했기 때문일까? 그런데 형님이란 소리는 왜 그렇게 술술 나오는지.

막내며느리로 시집을 가니 두 분 동서가 있었다. 큰동서는 친정엄마보다 나이가 많았는데도 '형님'이란 소리가 잘 나왔다. 도움이 필요할 때면 더 차지게 불렀다. 둘째 동서는 엄마와 동갑이니 말할 나위도 없었다. 형님이란 말도 사실은 언니처럼 자란 환경에서 부재의 언어인데도 프리패스로 목울대를 통과했다.

평소 친근하게 느껴지면 형님으로 모셨다. 툭하면 형님이니, 의리에 죽고 의리에 사는 조폭의 피가 내 안에 흐르고 있는 것일까. 얼마 전 팔뚝에 한 타투도 따지고 보면 그런 필연성 때문이 아닌지. 그러나 나이 차가 크거나 깍듯한 사이면 만만한 '형님' 역시 차단기가 내려진다. 그러니 '언니'는 어떻겠는가. 작심하고 별러도 그 말은 오지 마라는 한계령을 넘어서지 못한다. 그러니 여자들 사이의 '언니' 프리미엄은 언감생심이고 가끔 건방지다는 오해까지 받고 있을지도 모른다.

앞자리 숫자가 두 자리가 넘어 스무 살 차이가 나도 꿀떨어지게 '언니'라고 부르는 사람이 있다. 부러움을 넘어 존경스럽기까지 하다. 그런데 정작 나는 온몸이 스멀거리니 불가항력이다. 사람 좋아하고, 외향적이고, 쉽게 친해지는 성격인데도 그 단어와는 원진살이 끼였는지, 대표적인 아이러니 중의 아이러니다.

'말은 배운 대로 하는 게 아니다. 몸에 밴 대로 한다.'

《말 그릇》 저자 김윤나의 설명대로라면 백 프로 환경 탓으로 돌려도 되겠다.

늦둥이 덕분에 수많은 동생이 생겼다. 언니라고 들은 소리만으로 4층 건물을 올릴 수 있다. 어찌나 러블리한지, 인풋은 좋아하고 아웃풋을 못하니 말빚만 늘어난다. 명품을 못 사는 사람들이 짝퉁이라도 구매하듯 나도 언니 짝퉁인 형님을 차용한 것처럼 보이지만 그것만은 절대 아니다. 언니보다

시골 국물 같은 형님도 알고 보면 오리지널이다.
오늘도 나긋나긋하게 동생들이 카톡을 두드린다.
'언니, 언니, 언니!'
산더미처럼 빚이 쌓인다.

오빠

할 수 없는 말이 있다. '오빠'. 안타깝게도 내겐 오빠가 없다. 여동생 둘에 남동생 하나이다 보니 그 단어와 친하지 않았다. 나는 '오빠'라는 단어에 결핍감을 느낀다.

푸른 날을 돌아다봐도 '오빠'는 아무에게나 부를 수 있는 호칭이 아니었다. 대학 서클에서 만난 선배도 '형'이었지 오빠는 아니었다. 오빠라는 호칭에 '흑심'이 개입한 것 같아 마음이 편치 않았다. 남편은 오빠로서 자격이 넘치는 나이였는데도 당시 오빠 문화가 아니어서 부를 수 없었다. 살면서 손아래 세대들이 남편을 오빠라고 부르는 게 얼마나 좋아 보이던지.

한번은 그래, 까짓것 나라고 못 할쏘냐 싶어 남편을 오빠라고 불러봤다. 소원도 풀고 매사 여동생에게 양보하라는 메시지를 주고 싶었다. 어색했지만 어렵지는 않았는데 속셈을 알 리 없는 남편이 질겁했다. 평소대로 하라고 펄쩍 뛰는 모습을 보며 한때 '옷빠'라고 부르던 룸살롱 여인들을 떠올리는 것이 아닌가 싶었다. 어쨌든 남편이 싫어하는 바람에 한

가닥 희망마저 사라졌다. 이번 생에 오빠라는 단어는 영영 쓸 일이 없을 것 같아 한 줌의 아쉬움으로 남는다.

어떤 사심도 들어가지 않고 편하게 부를 수 있는 오빠를 갖고 싶다. 친오빠가 아니라도 그런 인연을 맺을 수 있을까. 가끔 가깝게 지내는 선배 문우에게 아쉬운 소리를 할 때는 '오라버니'라 부른다. 같은 호칭이라도 어감이 다르다. 오빠는 거리감이 제로에 가깝다면 오라버니는 적당한 거리감이 있기 때문이다. 적어도 오빠라는 단어가 끈적한 '낫또'가 되는 것을 막을 수 있어서이다. 다음 생에는 부디 가능하기를.

아줌마

듣기 싫은 말이 있다. '아줌마.' 오랫동안 그 호칭은 피하고 싶었다. 사전을 찾아보면, 아줌마란 '아주머니의 낮춤말로 남남끼리 결혼한 여자를 예사롭게 이르거나 부르는 말'로 풀이되어 있다. 그렇다면 나도 26살 이후 아줌마 자격은 갖추었다는 소리인데, 이상하게도 그 신분만은 거부하고 싶었다. 애가 다 커도 '아가씨'란 말에 설렜고 어쩌다 '아줌마'라 불리면 불쾌해서 상대를 상대하지 않았다. 차라리 누구누구 엄마로 불리는 편이 나았다. 여자의 이런 심리를 간파한 사람들은 영리하게 '사모님'이란 말로 비위를 맞추니 누이 좋고 매부 좋아, 피차 일이 이익 되게 돌아가는 것은 당연지사였다. 여인들이 저 단어를 싫어하니 다양한 호칭이 등장했다. 종교계만 해도 천주교는 자매님, 기독교는 집사님, 불교는 보살님으로 대체된다. 백화점이나 쇼핑센터는 물론 시장 좌판에서도 '사모님'이나 '고객님', '손님'이라 해야 지갑이 열리지, '아줌마' 하면 열었던 지퍼도 다시 잠긴다.

  수필 동네에 10여 년 넘게 머물다 보니 '선생님'이 입에 붙었다. 그러다 보니 114 안내원에게도, 항공사 직원에게도, 은행 창구 직원에게도 습관적으로 '선생님'이란 호칭이 먼저 나간다. 상대가 존중받았다는 느낌을 받아서인지 매번 분에 넘치는 대우를 받는다. 이런 것도 선인선과善因善果에 들지 않을까. 그러니 상대를 얕잡아 보는 '아줌마'란 호칭은 어떤 참사를 불러올 것인가. 머리는 나빠도 눈치는 빨라야 사는 게 편하다. 그 정도도 배려하지 못하고 성공을 바라는 것은 어리석은 일이다.

  부디 이 순간 이후 절대 입 밖으로 내지 마시길. 이름을 모르면 차라리 호칭을 생략하더라도 폭탄을 던져서는 안 된다. 여인들이 듣기 싫은 호칭 1순위가 '아줌마!'란 사실을 꼭 명심하셔서 여생이 평탄하시기 바란다.

슈퍼 울트라 맘

　지난해 7월, 빅뱅 기사가 떴다.
　'세계에서 가장 많은 수입을 올린 유명 인사 100인' 중 54위. 포브스에 따르면 작년 6월부터 일 년 빅뱅의 수입은 약 4,400만 달러, 우리 돈으로 약 506억 원 정도에 이른다는 것이다. 게다가 빅뱅은 최근 세계 13개국 32개 도시에서 66회 공연에 약 150만 관객을 동원했으니 어마무시한 파급력을 가졌다.
　2016년 8월 20일, 상암월드컵경기장에서 10주년 기념 콘서트를 열었다. 공연은 6시에 시작인데 아침부터 거의 '민족 대이동' 수준으로 팬들이 몰려 '상암민국'을 만들고 있다고 했다. 그들에게 빅뱅은 갓 뱅God Bang.
　늦둥이는 몇 달 전부터 콘서트를 기다리는 열혈 팬이다. 예상대로 생일 선물로 티켓을 원했고 늦둥이가 고3임에도 가족 누구 하나 이의 제기 없이 합당한 일이라고 여겼다. 아이한테 긍정적인 영향을 끼치기 때문에 우리 가족은 빅뱅을 신봉했다.

콘서트 당일, 늦둥이가 오로지 정성껏 준비하고 가려 했던 일정에 차질이 생겼다. 갑자기 봉사가 잡힌 것이다. 중학생들에게 멘토링을 하는 것인데 이전에 참여한 맨티들이 '신승현'을 원한다 해 갈 수밖에 없었다. 더군다나 수원에 있는 중학교라 난감했다. 아침 8시까지 가서 참여하고 끝나면 곧바로 콘서트 장소로 이동하기로 했다. 전용 기사인 내 일정도 긴급 수정에 들어갔다.

아이가 내리면서 검색하더니 거기서 50분밖에 안 걸린다고 했다. 자기는 귀한 스탠딩 티켓이지만 서 있는 게 힘들어 좌석표로 바꾸기로 했으니 4시까지는 가야 한다고 했다. 아이를 내려주고 서울로 올라와 점심 약속을 마치고 다시 수원으로 갔다. 10분 전 3시. 잠시 후 아이가 나왔다. 무리 없이 착착 진행되었다. 기다리면서 나도 티-맵을 쳤더니 4시에 도착, 시간은 충분했다.

한 20분 신나게 달렸을까. 봉사한 얘기를 즐겁게 재잘대던 아이가 핸드폰을 보더니 갑자기 비명을 질렀다.

"악~ 엄마, 웬 잠실종합운동장?"

네비게이션이 그곳으로 돼 있었다. 난리가 났다. 콘서트는 상암운동장인데. 큰 행사는 무조건 잠실일 거라는 고정관념이 사고를 쳤다. 이 일을 어쩌랴. 왜 안 물어보셨냐고? 잠실에선 어떤 콘서트도 열린 적이 없다고? 아이는 거의 울고 있었다. 나 때문에 다 망치게 생겼다.

그럴 시간에 티-맵부터 치라고 했다. 도착 시간이 5시로 떴다. 엉뚱한 방향으로 열심히 달렸으니 당연지사였다. 실시간이라 오차 범위가 5분 이내, 이번엔 내가 울고 싶었다. 콘서트를 못 간다면, 대학 입시도 비상이었다. 깜깜했다. 이건 영락없는 호랑이 굴. 그렇다면? 정신을 차려야지. 엄마만 믿으라고 일단 큰소리로 나까지 제압하고는 초집중해서 지혜를 짜냈다.

"승현아, 너 오토바이 타자."

연예인들이 그런다지 않나. 아이도 내 기세에 눌려 '퀵'센터를 연결했다. 그사이 난 곡예 운전을 하고 있었다. 비상등을 켠 채 좌회전 라인에 서 있다 직진 차선으로 끼어들었고, 또 갓길로 질주하며 티켓 몇 장을 각오했다. 다른 차 운전자들의 빗발치는 육두문자와 비난은 와이퍼로 지워버렸다. 스피커폰으로 '퀵' 안내원과 통화했다.

"저기요, 사람 좀 태우려는데 오토바이 좀 보내주세요."

기가 막히는지 저쪽 대답.

"손님, 저희는 물건만 배달합니다. 사람은 취급하지 않습니다."

다급한 내 목소리와 대조적인 차분한 음성. 그러면서 사람은 심부름센터로 하라 했다. 다시 심부름센터 연결하라고 했지만 불안했다. 아무리 그래도 아이를 오토바이에 태우는 건 내키지 않았다. 오토바이가 위험도 하고, 낯선 남자의 허리도 잡아야 하고. 다시 페달을 힘껏 밟으며 전두엽을 초고속으로 가동시켰다.

티켓을 바꿀 친구에게 전화해 20분만 시간을 벌어 놓게 했다. 4시 20분. 그러고는 아까의 퀵센터와 다시 연결하라 했다. 운전은 이미 운전이 아니었다. 나는 영화 속 범인을 쫓아 질주하는 강력계 형사로 빙의되어 있었다. 미친 듯이 난폭운전을 하며 통화를 했다. 처음 전화한 것처럼 시침을 뚝 뗐다.

"저기요, 퀵 부탁해요."

"네 손님, 지금 계시는 곳이 어딘가요. 어디로 보내드릴까요."

"제가 지금 도로 위에 있거든요."

"손님, 안 됩니다. 도로 위로는 보내드릴 수는 없어요."

또 시작이었다. 또 심부름센터로 보내려 하고 있었다.

"도와주세요. 제발. 일단 퀵 아저씨와 연결만 해 주세요."

"손님, 한 번도 그런 일은 없었어요."

"제발요. 4시 20분까지 상암운동장에 빅뱅 티켓이 도착해야 해요."

그녀는 지금 4시가 다 되었고 기사 찾는데도 10분이 걸리는데 20분까지 가는 것은 불가능하다 했다. 알겠다, 잘 알겠으니 부디 연결만 시켜달라는 간절함에 그녀가 뚫렸다. 확인은 못했지만, 그녀도 아마 빅뱅 팬이 아니었을까.

금방 퀵 아저씨한테 전화가 왔다. 아저씨는 말귀도 퀵으로 알아들었다. 자기는 지금 흑석동이라 했다. 우리 차는 꽉 막힌 양재사거리를 피해 뒷골목으로 내달려 우면산 터널로 진입하고 있을 때였다. 내가 성모병원 앞을 지나 반포 고가 밑으로 유턴, 반포 소방서 쪽으로 갈 테니 거기서 접선하자고 했다. 협상은 일사천리로 이루어졌다.

드디어 내 생애 최고의 운전이 시작되었다. 내가 누군가. 자칭 베스트 드라이버며 대한민국의 위대한 엄마 아닌가. 감히 서슬 퍼런 나를 막아설 자는 없었다. 스크린에서처럼 인도로 뛰어들 판에, 차마 그것만은 참은 채 경광등을 킨 것처럼 폭주, 요리조리 외줄을 타고 접선 장소로 질주했다. 드디어 저 멀리 보이는 반포 소방서. 이 광적인 열기를 끄려면 소방 호스가 필요하지 않을까.

그 앞에 늠름한 오토바이와 '빨간 마후라'보다 더 멋진 손수건을 맨 아저씨. 오토바이 옆에 차를 붙이고 창문으로 티켓을 건네자 아저씨는 뒤도 안 보고 내달렸다.

"티켓 받을 분 폰 번호 찍어 보내세요."

그의 외침이 오토바이 굉음과 남겨졌다. 아저씨 핸드폰에 티켓 녀의 번호를 찍어 보내고 그녀에게는 퀵으로 티켓을 보냈으니 한 5분만 더 기다려 달라고 부탁했다. 스탠드석은 일찍 입장을 해야 하지만 퀵으로 티켓이 달려오고 있다는 사실에 놀랐는지 그녀도 기꺼이 그런다고 했다. 질린 아이가 놀라고 놀란 아이가 질리고 질린 아이가 다시 놀라고 있었다. 양화대교를 막 지나고 있는데 전화가 왔다.

"정확하게 4시 21분에 티켓 바꿨습니다."

무려 4분이나 단축하다니. 슈퍼맨, 베트맨, 아이언맨을 합친 것보다 더 멋졌다. 이렇게 든든할 수가. 걱정하지 말고 천천히 오라는 퀵 아저씨의 말을 듣고 미친 운전대가 진정했다. 얼마나 숨죽이고 달렸는지 나도 참았던 숨을 몰아쉬었다.

상암동은 중국에서, 일본에서, 러시아 그 외 다른 나라에서 몰려와 인산인해였다. 차도도 관광버스들이 진을 치고 있어 간신히 육교 밑에 세웠다. 잠시 후 오토바이가 바람처럼 나타났다. 드디어 아이도 좌석번호가 적힌 티켓을 받았다. 사건 완전 해결, 이런 극적인 해피엔딩도 드물 것이다.

퀵 아저씨는 기본 요금이 2만 원이니, 기다린 시간까지 합쳐 4만 원만 달라고 했다. 부르는 대로 주리라 각오했는데 양심적인 분이었다. 정중하게 국보급 모성이신 신사임당을 드렸다. 고맙다며 히어로는 다시 바람과 함께 사라졌다.

이제 승현이의 입장入場과 입장立場만 남았다.

"엄마, 죄송했습니다."

아까 무례하게 엄마 탓을 한 행동을 사과했고 나는 쿨하게 받아먹었다. 아주 달달한 사과였다. '살다가 오늘 같은 날이 또 오더라도 당황하지 말고 지혜롭게 대처할 것!' 백문이 불여일견이었다. 차에서 내려서 뛰어가다 뒤돌아서서 양 엄지를 치켜들고 소리치는 늦둥이.

"엄마, 정말 짱이야!"

그것으로 부족했는지 양손을 머리에 올리고 다리까지 굽히며 사랑의 하트를 날렸다. 그러곤 인파 속으로 사라졌다. 그제야 등과 허리를 쭉 펴고 시트에 몸을 기댔다. 아찔했지만 짜릿했던 시간이었다. 적어도 그날만큼은 내가 어떤 젊은 엄마도 다 능가한 '슈퍼 울트라 맘!'이었다.

(2018년 《현대수필》 봄호)

3. 속세에서 극락을 만나다

숨바꼭질
떡볶이 창고
속세에서 극락을 만나다
동그란 하트
쥐꼬리와 소꼬리
사치라는 이름으로
만주 땅은 나의 것
갑순이의 하루
일상에도 마취가 필요하다

숨바꼭질

 언제부턴가 나는 원하지도 않는 술래가 되어 있었다.
 '꼭꼭 숨어라 치맛자락 보일라.'
 마치 절대 들키면 안 되는 것처럼 다들 꼭꼭 숨어버렸다. 좀처럼 술래를 면할 것 같지 않아 게임을 바꿨다.
 '무궁화꽃이 피었습니다.'
 이렇게 하면 밖으로 나오겠지. 열심히, 오랫동안 고개를 돌리지 않고 꽃이 만발했다고 외쳤지만 돌아봐도 아무것도 없긴 마찬가지였다. 그래도 두 발이 묶인 채 외쳐 대는 것보다 차라리 헤집고 다니는 게 나아 다시 숨바꼭질로 돌아섰다.
 최근에는 귀걸이 한 짝이 숨었다. 분명 빼서 같은 곳에 두었는데 하나만 있는 것이다. 집 안을 온통 뒤져도 없었다. 연속해서 들어온 두 번째 잽. 서너 군데 놓아두었던 돋보기가 하나둘씩 사라지기 시작한 것이다. 금방 썼는데. 안타깝게도 그 '금방'이란 단어가 미련을 움켜쥐게 했다. 세 번째는 강펀치로 들어왔다. 거의 매일 착용하고 다니던 패션 스카프가 사라진 것이다.

관리실 협조를 받아 CCTV까지 돌려봤다. 주차장에 차를 대고, 차에서 내려 엘리베이터를 타고, 9층 집에 도착할 때까지 그것은 내 목에 감겨 있었다. 더 이상은 개인 정보라 촬영이 안 된다고 하니 숨바꼭질이 시작되었다. 현관을 들어서면서부터 신발을 벗으며 신발장까지 훑고 다음 동선대로 샅샅이 수색했지만, 보이지 않았다. 말 그대로 꼭지가 돌 것 같았다. 그런데도 잔인하게 숨바꼭질은 멈추지 않았다.

마시다 옆에 놓은 주스 컵이 설거지통에 들어 있을 때 그것을 어느새 다 마셔버린 건지, 방에 들어가긴 했는데 왜 들어갔는지, 냉장고 문을 열었는데 왜 열었는지는 기본이다. 하다못해 세수를 한다 하고 옷을 몽땅 벗었을 때, 외출할 때 기본적으로 세 번은 현관문을 들락거리는 것까지 다양한 행방불명에 다시 낄낄낄 웃고 만다.

여기저기 뒤진다고 몸이 고달파도 찾게 되면 얼마나 감격스러운지. 그래서 거기 과장된 꼬리표를 단다. 인생은 살 만한 거라고. 끝내 추적이 안 돼 컴컴한 미로를 헤매다 보면 무력감에 빠지기 싫어 다리 뻗고 앉아 그것을 떠나보낸다. 술래는 점점 공치는 날이 늘어났다. 혹시 '치매 초기'가 아닐까 싶었지만, 다행히 그것과는 거리가 있었다.

그래도 불안한 마음에 세간에 떠도는 '두뇌 좋아지는 방법'을 검색했다. '디지털 치매'가 있단다. 스마트폰과 컴퓨터를 과도하게 사용한 나머지 뇌 기능 일부가 약해지는 현상을 뜻한다고 했다. 즉시 검색이 되니 암기할 필요가 없어 두뇌 활동을 위축시킨다는 것이다. 또한 인지 능력을 떨어트리는 원인이 될 수도 있으니 각별히 주의해야 한다고 경고했다. 기억력 향상법으로 명상, 양손 사용, 엽산 섭취를 권장하는데 나는 명상은 이미 생활화가 돼 있고, 양손 사용도 남보다 왼손을 많이 쓰는 편이니 완료형이고, 그렇다면 남은 것은 엽산이었다. 비싼 돈 주고 산 오메가3의 성분을 아무리 들여다봐도 엽산의 이응도 보이질 않으니 엽산을 당장 사야겠다.

 가끔 찾을 거라는 희망을 포기하면 전혀 예상치 않은 곳에서 머리카락이 보였다. 특히 핸드폰이 잘 그랬다. 툭하면 숨는 데 고수인 고것은 하루에도 몇 번씩 심장을 뚝! 떨어뜨리거나 쿵쾅!대게 하며 심박수를 높였다. 자동차도 가끔은 고속도로를 달려주어야 하는 것처럼 심장도 가끔 요동치게 할 필요가 있어 그러는 의도라면 핸드폰 고것 참 효자인 셈이다.

 나는 숨바꼭질에 지치면 시절 인연이 다 되어서 그런 거라고, 득도한 선사처럼 잘난 척을 한다. 하지만 속내를 말하자면 작정한 세월에 맞설 자신이 없기 때문이다. 더 이상 총기나 영민을 기대할 수 없기 때문에 이빨 빠진 호랑이처럼 '적응', '수용', '체념'을 겹겹 이불 삼아 한겨울 삭풍을 버티고 있는 중이다.

그런데 다른 것은 다 받아들여도 양보할 수 없는 단 한 가지가 있다. 그것만은 정말 숨게 하기 싫다. 절대 감추지도 말고 어디에도 빼돌리지 말고 하나도 사라지게 하지 않았으면 하는 바람이다. 그것은 바로 지금처럼 사랑하고 아끼는 '사람'이다. 군데군데, 요소요소 눈 뜨면 보이고 손 내밀면 만져지는 그들은 꼭 제자리에 있게 해 주길 바란다. 만약 그것만 개런티 해 준다면, 그깟 단어 몇 개쯤이야, 그깟 스카프쯤이야, 어제 사라진 다이아몬드 박힌 귀걸이까지 몽땅, 미련 없이 포기할 수 있다.

'못 찾겠다 꾀꼬리 꾀꼬리 꾀꼬리, 나는야 언제나 술래~.'

그렇게만 해 준다면 앞으로도 계속 자발적으로 술래가 되어줄 것이다.

떡볶이 창고

    고등학교 때 가끔 지각을 했다. 재촉하는 엄마한테 반항하려고 일부러 뭉그적거렸다. 지나치게 엄한 엄마에 대한 저항으로 나의 사춘기는 그렇게 몽니를 부렸다.
    노량진에서 전철을 타고 종각에서 내려 안국동까지 한참을 뛰어야 했다. 그것도 아슬아슬 통과하면 다행이었지만 턱걸이에 걸릴 것 같으면 나는 학교 가는 걸음을 골목 중간의 문방구로 돌렸다. 교문을 지키는 사천왕 같은 규율부장 선생님께 귀를 잡히고, 운동장을 몇 바퀴 도는 것은 스타일 구기는 일이었기 때문이다.
    문방구 한쪽 구석은 떡볶이가 차지했다. 그래도 내 딴엔 서둔다고 아침도 못 먹었는데. 쫄깃쫄깃한 떡볶이에 어묵 한 꼬치, 조미료가 듬뿍 들어간 어묵 국물까지 당시엔 최고의 아침 식사였다. 분필 같은 밀가루떡은 시뻘건 고추장에 범벅이 되어 여린 입술을 타들어 가게 했고, 뜨거운 국물은 그 고통을 더하게 했지만, 지금도 양 갈래머리와 함께 푸른 날의 초상이 되어있 다.

"야 임마, 수업은 안 들어가?"

알면서도 짓궂게 묻는 아저씨께 웃으며 큰 눈을 껌뻑이면 아저씨는 사람 좋은 미소로 국물을 한 국자 듬뿍 떠 주셨다.

첫 교시가 끝날 때 나는 한가한 교문을 지나 왁자지껄한 교실에 천연덕스럽게 입장했다. 그렇다고 내가 껌깨나 씹던 노는 아이는 아니었다. 당시 나는 학도호국단 중대장이고, 학교 임원이기도 한 모범생이었다. 착한 짝꿍은 다양한 이유를 들어가며 출석을 거들었고, 운 좋은 날은 담임선생님이 출석을 안 부르셔서 나의 일탈은 완전범죄가 되었다. 그런 날엔 또 떡볶이로 한턱을 냈다.

세월은 크게 강물을 뛰어넘어 애 엄마가 되었고 두 아이의 육아가 다 끝난 시기에 다시 또 엄마가 되었다. 아이들이 대부분 떡볶이를 좋아하지만, 늦둥이 승현이는 특히 더 좋아했다. 중학교 때엔 일주일에 한 번은 꼭 먹었다. 그 사이 고객들 취향을 저격한 다양한 떡볶이집이 생겨났다.

'아딸', '죠스떡볶이', '엽기떡볶이', '신전떡볶이', '국대떡볶이', '빨간떡볶이'. 그 외 국물이 흥건한 '국물떡볶이', 가스에 올려놓고 먹는 '즉석떡볶이', '신당동떡볶이'에 '청춘떡볶이', 이외에도 기발한 떡볶이집이 부지기수였다. 우리는 컨

디션에 따라 골라 다녔다. 꿀꿀한 날에는 매운 '엽기떡볶이'를 찾았다. 눈물인지 콧물인지, 입술을 타는 듯 얼얼하고 머리가 어질어질한 끝에야 기분이 좋아졌다. 유별나게 피곤한 날엔 달달한 '국대떡볶이' 집에 갔다. 거기서는 떡볶이 우동 세트의 튀긴 유부가 동글동글 떠서 국물 맛을 더 감칠맛 나게 하고 그 맛은 곧 뭉친 어깨를 절로 풀어지게 했다. 라면사리에 삶은 달걀까지 넣은 '라볶이'는 비 오는 날 먹으면 제격이었다. 삶은 달걀과 라면사리가 떡볶이 국물과 만나면 그 매콤달콤이 축축한 기분까지 뽀송하게 말려주었다.

그러던 늦둥이가 미국 대학에 입학했다. 첫째, 둘째, 그리고 늦둥이까지 떠나보낸 어느 날 나는 느닷없이 떡볶이가 먹고 싶었다. 그저 생각 없이 따라다녔을 뿐인데, 입안에 침이 흥건할 정도였다. 아이의 부재는 잘 견디고 있었는데 떡볶이만큼은 힘들었다.

볼일을 보고 오는 골목에 자주 들른 떡볶이집이 있다. 몇 번을 그 집 앞에서 망설였다. 혼자는 용기가 나지 않아 고인 침이 홍수가 되어도 그냥 지나쳤다. 그러다 비가 내리던 어스름 저녁, 그날은 도저히 복잡한 유혹을 뿌리칠 수가 없었다. 추적이는 빗물과 스산한 분위기가 외로움을 부추겼다. 우산을 접고 한쪽 구석에 섰다. 옆 학생이 천 원짜리 컵볶이를 시켰다. 저런 게 있다니, 오뎅 한 꼬치와 종이컵으로 수북한 떡볶이를 허겁지겁 먹었다. 잠시라도 틈이 생기면 왠지 눈물이 날 것 같았다. 내 모습에서 그런 어미 심정을 읽었는지 주인 할머니가 넘실한 미소를 짓더니 그 옛날 문방구 아저씨처럼 뜨끈한 어묵 국물을 떠 주셨다.

일주일 후, 승현이 친구인 외아들을 영국에 유학 보낸 엄마가 떡볶이를 먹으러 가자 했다. 그녀도 아들 생각이 간절했나 보다. 그녀는 맛집으로 유명한 곳을 추천했는데 '떡볶이 창고'라는 신선한 이름이 마음에 들었다. 창고를 가득 채운 떡볶이를 연상하며 입맛을 다셨다. 내비게이션대로 차를 세우고 걸어가는데 길이 낯익었다. 아니, 이럴 수가. 그 집은 바로 내가 가고 싶었던 그리고 혼자 갔던 집이었다. 그제야 간판을 올려다보았다. '떡볶이 창고.' 누군가 이름을 불러 주어야 꽃이 된다는 시인의 외침도 있었는데 상호도 모르고 있었다니. 간판을 올려다보며 미안하다고 했다.

창고는 사람들로 가득 차 있었다. 그 모습을 보니 2018년 출간한 백세희의 《죽고 싶지만 떡볶이는 먹고 싶어》가 떠올랐다. 1990년생인 작가는 만성적인 우울감을 솔직하게 토로해 독자의 공감을 받았지만, 무엇보다 모두에게 만만하고, 소소한 행복의 상징인 '떡볶이'가 들어간 제호가 50만 부나 팔린 베스트셀러에 크게 일조했을 것이다. 그렇게 떡볶이는 언제나 누군가의 현재에 저장되어 수시로 과거나 미래로 소환되는 붉은 그리움으로 자리 잡고 있다.

앉아서 밖을 보니 얼마 전 처량 맞게 서서 혼볶이를 하던 내가 보였다. 그날은 둘이라 감사했다. 창고를 털 기세로 모든 메뉴를 시켰다. 테이블 가득한 것들을 코가 빠지게 먹다 고개를 드니 어느새 그녀 옆엔 준서가, 내 옆엔 승현이가 함께 앉아 먹고 있었다. 외로움이 켜켜이 쌓인 창고에서 우리는 눈물, 콧물을 훔쳐 가며 열심히 먹었다.

속세에서 극락을 만나다

　어깨가 무겁고 몸살 기운이 있으면 한증막엘 간다. 명절 밑이나 고된 봉사 후에도 어김없이 들르는 곳이다. 그러면 링거를 맞은 것처럼 거뜬해져서 내게는 내과와 버금가는 곳이다. 불가사의한 것은 긴 코로나에도 단골 한증막에서는 단 한 명의 환자도 안 생겼다는 사실이다. 어쩜 주인은 그 핑계로 문을 닫으면 적자가 덜했을 텐데. 불행 중 다행인지, 다행 중 불행인지 끝까지 영업해 '365일 연중무휴'란 명예를 지켜냈다.

　한증법 치료는 통일신라 때부터 시작되었다 한다. 조선 때 세종대왕께서 '한증소'를 설치하셨다니 그 혜택은 고스란히 산고를 치른 아녀자들과 노약자의 몫이었다. 나랏말씀을 오직 위민정신으로 한글을 만드신 것처럼 '한증소'도 백성을 위한 애민 정신의 유산이 아닐까 싶다.

나는 어릴 때 한증막에 입문했다. 마니아인 엄마를 동무해 드리기 위해서였다. 철이 들기도 전에 포대 자루를 뒤집어쓰고 '한증막을 해야 인생을 아는 것'이라는 할머니들의 개똥철학과 육자배기를 귀동냥했다. 엄마의 DNA를 물려받아서인지 어린 나이에 화탕지옥처럼 뜨거운 그곳에서 몸을 지지면 시원하게 느껴졌다. 갈색 구운 달걀과 얼음이 동동 뜬 식혜의 유혹도 참기 힘들었다.

결혼하고 출산 후에는 본격적으로 드나들게 되었다. 엄마가 미국으로 이민 가신 뒤로 혼자 개척했고 어느새 나도 '인생 운운'하며 한증막 전도사가 되었다. 지금은 없어진 서초동 황금온천에는 여러 사람을 몰고 다녔다. 여성 전용에다 룸까지 있고 미역국 백반도 맛있어 각종 모임을 통째로 데려갔다. 심지어 문우들하고 MT를 그곳으로 갈 정도로 각별하게 애착했다.

수지로 이사 와 개발한 G 사우나. 이름에 '금'이 들어가 호감이 갔다. 5층이라 공기도 좋았고 장소도 널찍하고 주차장도 여유로워 좋았는데 안타깝게도 '한증막'이 남녀 공용이었다. 여성 전용은 상의를 탈의할 수 있고 그러면 땀도 잘 나고 아픈 부위에 원적외선을 직접 쬐어 좋은데 이젠 그런 곳이 드물다. 역차별이라는 남성들의 항의 때문에 불편해도 안방마님들이 대감마님들에게 문호를 개방해야 했다.

한증막에도 급이 있다. 새벽에 소나무를 막 안에서 땐 뒤 그 열로 하루 종일 운영하는 A급과 그것을 전기와 병행하는 B급, 오직 전기로만 하는 C급이 있다. 일반인은 구분을 못하나 열혈 마니아들은 용케 알아냈다. 하루는 G 한증막 안에서 가까운 곳에 A급 한증막이 있다는 정보를 들었다. 왜 굳이 남의 업장에서 경쟁 사우나를 언급할까 싶었는데 B급이면서 A급이라 속인 괘씸죄 때문이라나. 나무를 뗀다는 순도 100%의 한증막이라니 당장이라도 달려가고 싶었다.

D 사우나는 지하에 있었고, 공간도 좁았고 더군다나 주차장도 협소했다. 대부분 만차라 주차위반 카메라를 피해 한참 떨어진 언덕배기에 차를 세우고 걸어와야 했다. 그런데도 그곳을 찾는 사람이 많다는 것은 A급이 맞는다는 증거였다. 몸살, 감기는 기본이고 지독한 신경통, 관절통, 요통도 다 좋아진다고 홍보하는 손님들. 광고는 입에서 입으로 전하는 입소문이 최고 아닐까. 세종께서 '한증소'를 설치한 이래 장구한 오백 년 넘어 전해져 내려온 것에도 일조를 했을 것이다.

갱년기의 여파인지 친구들의 체감온도가 높아지고 뜨거운 것을 질색하는 여인들이 많아졌다. 더구나 코로나 와중 그것도 7월 된더위에 한증막을 간다는 것은 상식적으로 이해 불가라 비난의 화살을 사방에서 쏘아댔다. 하지만 '이열치열' 그 참맛을 체험하게 되면 제일선의 남편부터 이해가 될 텐데. 고개를 돌리지도 않으니, 내 몸이 과녁처럼 비난과 지청구를 받아내며 게걸음을 멈추지 않았다.

그날은 대부분 피서를 갔는지 한가했다. 사람이 들락날락하지 않으니 '막'의 온도가 치솟아서 장관이었다. 문을 열고 들어가니 갇혔던 열기가 달려든다. 온몸으로 화기가 들러붙어 드러난 살이 따갑다. 들고 간 수건으로 머리와 얼굴을 감싼다. 멈춘 숨을 깊게 들이쉬니 화기가 굿판을 벌인다. 심장이 휘모리장단을 따라 오르내리고 모든 숨구멍은 가슴을 풀어헤친다. 호흡을 참고 바닥으로 몸을 낮춘다. 이내 광기를 품은 열기가 잠잠해진다. 서서히 체감 열기가 자진모리장단이 되자 굵은 땀방울이 흘러내려 옷이 흠뻑 젖는다. 단전에서부터 삽상한 기가 올라오고 그 기세에 밀려 불량한 기운들이 빠져나간다. 아, 여기가 속세의 극락정토!

계속 혼자다. 오직 견뎌내겠다는 극치의 몰입이 절정을 이룬다. 그런 치열함이 나에게 있었던가. 사소한 시시비비에도 의욕을 잃고 매번 도망치려 했는데. 그것이 정당했나? 과연 나다웠나? 얼굴을 가리고 고개를 숙이고 버티기에 들어간다. 낯선 나를 만난다, 어쩜 원래의 나였을지도 모른다. 그렇게 무지막지하게 견뎌내며 이제라도 중압감을 피하지 말자고 다짐하니 비처럼 쏟아지는 땀방울이 웃는다. '한증막을 알아야 인생을 아는 거라.'던 할머님들이 그제야 완벽히 이해된다.

전용 타이머인 1분짜리 다라니를 열 번 외우고 막을 나왔다. 항상 첫 번은 최대치로 인내한다. 넓은 홀은 에어컨과 대형 선풍기, 환풍기가 경쟁하듯 돌아가고 있다. 군데군데 누운 여인들의 수다도 낮게 깔려 있다. 챙겨 간 다방 커피를 타들고 아이스 방으로 향한다. 불에 달궈진 몸에 얼음이 하얗게 달라붙는다. 열기를 내뿜으며 달달한 커피를 마시니 목을 따라 흐르는 좁고 긴 뜨거움이 선명하다. 나는 원색적 기쁨에 반해 고개를 젖히고 웃는다.

잠시 몸을 식히고 나와 큰대자로 길게 눕는다. 호흡이 긴 장에서 이완을 넘나들며 건강하게 들썩거린다. 심장의 박동도 잦아진다. 이렇게 뼛속까지 시원한데 삼복더위라니? 온몸으로 알싸하게 스며든 고독, 그 길을 음미하며 천천히 걷는다.

얼마를 잤을까. 여인의 기척에 눈을 뜬다. 그녀의 손에 들린 빨갛게 잘 익은 커다란 수박 한 조각. 벌떡 일어나 뜻밖의 호의를 두 손으로 받는다, 고맙습니다. 수박은 이 세상의 맛이 아니었다.

그날은 본격 더위를 알리는 절기, 초복이었다.

동그란 하트

 종로 3가는 내 사전에 없었다. 굳이 선을 긋자면 종로 2가까지가 내 청춘의 커트라인이었다. 그러다 훌쩍 세월의 강을 건너 미국을 드나들며 종로 5가 옆인 동대문에 자주 발품을 팔았다. 벌써 20년 전 얘기다.
 십여 년 전 문단에 등단해 인사를 하러 간 곳이 종로 3가였다. 쭈뼛대는 마음으로 찾은 후 어쩌다 가뭄에 콩 나듯 가는 곳이었는데, 언제 철심을 박아놓았는지 2019년 4월, 계획에도 없던 '종로 3가 살이'가 시작되었다.
 예전과 크게 변화가 없는 그곳은 살펴보면 실속이 속속 들어차 있다. 특히 종로 3, 4가는 온갖 보석, 다이아몬드 등 원석의 가공업체와 판매상이 집중적으로 모여 있었다. 소리 없이 분주한 이유가 거기에 있지 않을까. 창덕궁을 향한 도로를 재정비하며 한복 체험을 하는 외국인을 만나기도 했다.

그들의 발걸음이 잦아지며 새 명소로 떠오른 익선동 골목은 낮부터 밤까지 젊은이들로 사람 파도를 이룬다. 그런가 하면 이천 원짜리 송해 국밥을 비롯해 낙원 지하상가와 3가 뒷골목 허름한 식당의 착한 점심 가격은 주머니가 가난한 노객들의 발길을 모으기도 했다.

4가와의 경계에는 종묘가 있다. 골목으로 쭉 이어진 늠름한 돌담, 그 담 위로 하루가 다르게 흐드러지게 꽃이 피고 있다. 그것은 마치 긴 직사각형 프레임 그림처럼 한 폭의 풍경화다. 바라만 보아도 라일락을 앞세운 꽃의 향기에 취한다. 바로 그 골목 코너에 아담한 커피숍이 있다.

이층으로 된 작은 공간. 한쪽 벽면에 '종로 구립 장애인 근로 사업장'이라는 흔치 않은 안내문이 눈길을 잡았다. 그래서 올려다보니 간판이 '더해봄'이다. 더 해본다고? 더 한다고? '더해본다'의 명사형이 그렇게 예쁜 줄 몰랐다.

문을 열고 들어가자마자 2% 부족한 인사말이 반긴다.

"안농하세요?"

얼굴이 하얗고 앞머리를 귀엽게 내린 여자 친구의 부정확한 발음이 오히려 친절을 배가시킨다. 목소리를 안 들으면 전혀 장애우 같지 않다. 라테 두 잔을 시키니 뜨거운 것이냐 찬 것이냐를 한 글자씩 꼭꼭 짚어 묻는다. 나도 꼭꼭 대답한다.

"욱천언입니다."

아이스는 더 비싼데 같은 가격이었다. 왜 값이 같냐는 질

동그란 하트

문이 그녀를 허둥대게 한다. 쓸데없는 질문을 후회했다.
"아니, 대답 안 해도 돼요."
"아, 네 우린 똑같아요."
이번에는 '똑같다'는 말에 내가 허둥댄다. 우리도 당신들과 똑같다고 하는 것 같았다. 습관적으로 다르게 인식하고 있는 관념 속의 내가 나를 조여 왔다. 그렇지, 모든 사람의 근본은 같은데 단지 조금 불편하다는 이유로 다르게 인식하고 있다니.
《미움 받을 용기》에서 아들러의 메시지를 전한 기시미 이치로의 '대등'이라는 의미를 다시 새긴다. 우리 삶에서 가장 기본이 되는 전제조건이 대등한 관계라 했는데.
라테 두 잔을 복창한 남자 직원 앞에 가 커피 나오기를 기다렸다. 한쪽이 불편한 손으로 커피를 내리다 눈을 맞추고는 웃었다. 얼른 옆으로 비켜섰다. 누군가 지켜보고 있다는 게 얼마나 부담스러운 일인가. 그러나 조금이 지나고 또 조금이 지나도 커피는 나오지 않아 목을 빼고 안을 들여다보았다. 그가 라테 위에 무늬를 그리기 위해 씨름 중이었다. 그냥 달라고 하고 싶었지만, 바리스타인 그에게 실례가 될 것 같아 기다렸다. 창문으로 테이크아웃을 주문한 사람들의 줄도 길다. 급기야 우렁찬 소리가 들렸다.
"라떼, 나아쭙니다."
고맙다고 인사를 하고 쟁반을 받아 돌아서다 흑하고 숨을 들이마셨다. 왈칵 눈물이 났다. 하트가 있어야 할 자리에 찌그러진 동그라미가 있는 게 아닌가. 그렇게 몰입하고 정성을 들여 만든 하트인데. 얼마나 많은 날을 더하고 더했을까. 어쩜 아무리 더한다 해도 그의 하트는 계속 동그랄 것이다. 괜찮다고, 하트를 뜻하는 심장은 원래 둥글다는 것을, 그리고 더 해줘서 고맙고, 열심히 해줘서 고맙고, 세상으로 나와 주어서 고맙다고 말해 주고 싶었지만 못했다.

삐걱대는 계단을 올라 2층 창가에 앉았다. 두 손으로 머그잔을 감쌌다. 그만의 하트가 나를 천진하게 올려보고 있었다. 이제 일반적인 하트는 더 이상 내게 설렘을 주지 못할 것이다. 커피를 마셨다. 커피는 식었지만 하트는 따뜻했다. 한 모금, 한 모금마다 그 부모의 마음을 만난다. 수고 많으셨습니다.

동그란 하트는 그들의 '더해봄'이었다. 더 해본다는 것은 포기하는 것의 반대이다. 허약하게 내일이 두려워 오늘을 반납한 이들의 반대이며, 서울역 지하도에 누운 수많은 노숙자의 반대이고, 온갖 불평과 불신으로 비틀어진 것의 반대이기도 할 것이다. 아니, 멀리 갈 것 없이 그것은 스스로에 대한 믿음 없이 표류하는 '나'의 반대말이기도 했다. 부끄러웠다.

그날 이후, 나는 '더해봄'의 비슷한 말이 되기로 했다. 눈물겨운 반복으로 더하고 더해도 그들처럼 하트를 만드는 것은 쉽지 않겠지만 그래서 더해보고 싶다. 지금의 내 위치에서 조금이라도 더해본다면 그 자체로도 가치 있는 일이니까. 나만의 동그란 하트를 기대한다.

(2020년 《수필과비평》 3월호)

쥐꼬리와 소꼬리

 내일 모레가 수능 날이다. 매년 11월 둘째 주에 치러진 수능이 코로나로 인해 12월 3일로 미루어졌다. 가뜩이나 긴장에 떨 수능생들이 더 불안하게 생겼다. 시간이 흐른 뒤 아이들은 치명적 한 해를 어떻게 기억할지.
 세 아이 중 유일하게 큰애만 수능을 치렀다. 20년 전, 마치 안 좋은 결과를 예감하듯 시행착오를 많이 했다. 별나게 굴었던 사금파리 같은 기억들. 새벽기도를 한다고 부산을 떨고, 상단에 올린 쌀로 밥을 해 주겠다고 조바심 내고, 급기야 허둥대며 지각이 위태로웠던 입실에, 시험지를 받고는 눈앞이 까매졌다고 시험을 끝내고 나오는 아이의 닭똥 같은 눈물을 보며 맨땅에 주저앉던 심정까지. 수능의 기억은 그렇게 짙은 암갈색으로 남았다. 그랬던 아이는 우여곡절 끝에 지금은 미국에서 치과 의사를 하고 있다.

그 후로 해마다 수능 날에는 약속을 잡지 않았다. 그 간절함을 외면할 수 없었다. 나의 알량한 기도발이 직접적인 도움은 안 되겠지만 힘을 보태고 싶었다. 수험생보다 더 얼어붙은 엄마들에게 따뜻한 손난로가 되고 싶었는데 올해는 코로나로 불가능했다. 열 명 이상 집회 금지라 수능생 엄마로도 법당은 초과였으니. 이제 이틀 남았는데 어떻게 돕는 방법이 없을까.

 대표 엄마를 수소문했다. 쉬는 시간에 엄마들을 위한 간식비라도 보내기로 했다. 어쩌면 나보다 박카스와 찹쌀떡과 호박엿이 더 유용할 것이다. 쥐꼬리만큼 송금했다. 그런데 그나마 동참하는 사람이 없었던지 쥐꼬리가 반나절도 안 돼 소꼬리가 되어 돌아왔다. 어찌나 고마워하는지, 쥐구멍으로 숨고 싶었다.

 톡으로 인사가 이어졌다. 급기야 담당 스님까지 고맙다는 문자를 보내셨다. 후원이 동결되어 '여럿'이 여유를 잃으니 '유일'이 도드라졌다. 민망했다. 그러니 양로원을 비롯해 후원이 필요한 곳의 어려움은 불 보듯 뻔했다. 안타까웠다. 동장군처럼 얼어붙은 마음은 다 징글징글한 코로나 때문이다.

 이왕 인사를 받은 김에 양꼬리는 돼야지 싶었다. 용기를 냈다. 아니면 두고두고 후회할 것 같아 핸드폰을 들고 다시 송금 버튼을 눌렀다. 내친김에 혹시 코로나를 핑계로 소홀한 곳은 없는지 살폈다. 위기라고 비겁해지는 것은 싫은데 개인

방역을 철저히 한다고 마음까지 마스크를 뒤집어쓰고 소신까지 사회적 거리를 두고 있었다.

몇 년 전 후원을 끊은 소쩍새 마을을 찾아냈다. 행동하지 않으면 죽은 거지. 코로나를 두려워한 것도 결국은 '죽을까 봐' 아닌가. 이렇게 단절하고 사는 것도 죽는 거와 다를 바 없지 않은가. 일단 귀차니즘부터 날리기로 했다.

난 살아 있고 싶고 행동하고 싶다. 잊어버리기 전에 움직여야지. 오케이. 다시 의욕의 끈을 연결하니 갑자기 유쾌해졌다. 내친김에 수필잡지도 몇 군데 챙겼다. 요식업도 힘들다니 배달도 자주 시켜야지. 어깨가 올라붙는다. 쥐꼬리도 모이면 결국 실속 있는 소꼬리가 될 테니까.

부디 쥐꼬리건, 양꼬리건, 소꼬리건 입시생 모두에게 행운의 여신이 함께하길 바란다. 수능이란 산이 가장 높아 보여도 인생 전체를 놓고 보면 그것은 동네 뒷산에도 못 미친다는 것을 알게 될 테지만 일단은 씩씩하게 뛰어넘었으면 좋겠다. 그것을 익히 알면서도 추위보다 무서운 기대에 떠는 엄마들. 부디 아이들의 첫 허들 경기에 초연하시기를 바란다. 끝까지 의연함을 잊지 말고 그저 믿어주시길. '뭐가 되도 될 놈'이라고 굳게 믿는 것이 '최고의 비법'이라는 것을 선배로서 말해 주고 싶다.

부디 수험생과 그 가족의 노력이 어떤 식으로든 역동적인 결과를 끌고 오길 바란다. 힘찬 소꼬리처럼.

사치라는 이름으로

　나에게 '사치'는 명사가 아니다. 약간의 비난과 위축된 죄책감을 동반, 심리적 상태가 조마조마한 형용사며 내막은 치열한 동사이다. 일반적으로 아주 과할 경우에만 이 단어를 들먹이는데 나는 매우 주체적인 기준을 설정해 놓고 힘겨루기 한다.
　어느 날 한증막을 나온 어스름 저녁, 차창으로 들어오는 한 조각 바람이 지나치게 시원했다. 막 지고 있는 노을과 저물고 있는 하루가 아름다웠다. 종일 고단했을 하얀 공기, 내 발걸음을 대신하는 충직한 승용차, 숨 고르는 한가한 도로. 내가 맘껏 누려도 되는지 과분하다는 생각이 '사치'에 가 닿았다. 그 감성이 으스러지게 나를 안았다. 이전의 푹신한 기억들을 꺼내 한 땀, 한 땀 아플리케로 이어갔다.

'고단한 남편이 식탁에서 흡족하게 수저를 움직일 때',
'빈둥거리는 오후에 지인이 번개팅을 제안할 때',
'백만 원 호가하는 겨울 코트를 한여름에 반의 반 값으로 득템했을 때',
'약속 시간이 촉박한데 온통 파란신호등, 신나게 액셀을 밟을 때',
'선물을 받은 사람이 딱 필요했다며 즐거워할 때',
'멋지게 차리고 나선 날 뜻밖에 옛 인연을 만났을 때',
'누군가 엄마~라 부르는 소리에 뒤돌아볼 때.'

그럴 때, '사치'는 마지노선을 벗어나 마구 내달린다.

'남편에게 A^{++} 등심 스테이크를 요리해 주고 싶고',
'번개팅을 제안한 지인에겐 리무진을 보내고 싶고',
'싸게 득템한 코트에 맞는 럭셔리 앵글부츠도 사고 싶고',
'파란신호등 일색인 도로를 몽땅 사유화하고 싶고',
'연속 감동을 위해 그녀를 위한 선물을 또 사주고 싶고',
'옛 인연과는 스카이라운지에서 차 한 잔을 나누고 싶고',
'엄마라는 소리엔 당장 비행기 표를 사 아이들에게 달려가고 싶다.'

그런 순간의 편린을 모두 모은다면 이 세상을 다 넣어도 될 거대한 돔이 만들어질 것이다. 수도 없이 어디로 튈지 모르는 나를 비난하는 것은 나에게만 허락하고 싶다. 그중 하나라도 저지른다면 어쩌면 그런 나를 수습하기 힘들겠지만, 그러나 그런 충동으로 잠시 일탈하는 나를 용서할 사람도 역시 나뿐일 것이다. 그냥 멈추어 선다면 살 떨리게 행복한 순간이 언제, 어느새, 소리 없이 휘발할지도 모를 일이니 맘껏 상상의 나래를 펼치고 싶다.

언젠가 벅차게 나쁜 지출을 했을 때, 어느 정도 자숙의 시간이 지나자 오랫동안 뿌듯했고, 그 밀도의 유통기한이 아주 길었던 기억이 있다. 그러니까 저지르는 게 저지르지 않는 것보다 행복을 위한 방부제가 되는 것 같다.

나이가 들어가면서 여성이 남성과 동등한 상실감을 갖는다는 공식은 곤란하다. 태생적으로 여자는 남자보다 치장하는데 우월한 존재다. 물론 예외는 있지만. 어느 날 그 특권이 한계에 이르렀을 때의 좌절이란. 얼굴이란 팔레트에 그림을 정성껏 그려도, 비싼 옷으로 신경 써 코디를 해도, 주렁주렁 보석으로 휘감아도 태가 안 날 때의 비애를 토끼 세대나 곰 같은 남자들은 짐작조차 못할 것이다. 허우적대고 빠져나오는 그 슬픔의 늪이 얼마나 깊은지. 그때마다 심하게 휘청거리지만 내색하는 것도 구차해 꼭꼭 숨기는 심사는 오롯이 우리의 몫이다.

게다가 무딘 테스토스테론 덕분에 남자의 주름은 훈장, 관록, 노익장으로 긍정적 평가가 되지만 예민한 에스트로겐 때문에 여자의 주름은 흔적, 회한, 늙음으로 불편하게 정의된다. 좀 더 참고 견디어 내는 쪽이 되다 보니 그 중압감이 세월과 작당해 파고들어 앉은 것이다. 그러니 중년 여인이 보톡스로 그것을 일시적, 인위적으로 완화시키더라도 눈치 주지 말고 넓은 아량으로 넘겨야 한다.

사람마다 사치의 잣대가 천차만별이다. 그동안 가족을 위한 기여를 보상하는 차원에서 너그러워야 하는데 대부분은 저 단어에 무척 인색하다. 야박할 정도로. 이제는 너무 엄격하지 않았으면 좋겠다. 자기만의 커트라인을 정해놓고 사치해 보자.

인생에 필요한 세 가지 금이 황금, 소금, 지금이라는 말이 있다. 지금이 Present로 선물과 같은 스펠링인 것도 이유가 있을 것이다. 그 선물 같은 '지금'이 예전보다 감각이 둔해지고 가동력이 줄어들었으니 가끔 사치라는 이름으로 구멍을 내보는 것은 어떨지. 그것을 통해 전달되는 에너지의 가성비가 높다면 우리는 기꺼이 뚫려야 하지 않을까. 그것은 자책을 훌쩍 뛰어넘어 자존의 기쁨과 팽팽한 열정을 제공해 줄 것이다. 그러기에 동지들에게 가끔은, 아주 가끔은 그것을 허許하라고 권하고 싶다.

(2018년 《계간수필》 겨울호)

만주 땅은 나의 것

 기억과 추억의 차이는 무엇일까. 누군가가 말했다. 기억에 감정이 남아 있으면 추억이라고. 그중 치명적인 추억 하나를 꺼낸다.
 첫아이를 출산하고 6개월쯤, 육아를 맡아주시던 엄마가 아기와 함께 앓아누우셨다. 더 이상 망설일 수가 없었다. 번듯한 직장에 종이비행기처럼 사표를 날렸다. 몇 달은 신천지였다. 마치 한이 맺힌 사람처럼 게으름을 즐겼다. 무엇보다 다디단 것은 해가 중천에 뜰 때 일어나는 일이었다. 그러나 그 해방감은 석 달을 넘기지 못했다. 친구들한테 뒤처지고 있다는, 첨단시대에 솥뚜껑이나 운전한다는, 밤늦게 경비처럼 문이나 열어준다는 현실이 잔인하게 날을 세웠다. 저절로 자유는 납작 엎드렸고 뭔가를 해야 한다는 강박이 숨통을 조여왔다.

그때 글공부를 시작했다면 지금쯤 나의 현주소는 어떠했을까. 어쩜 편당 천만 원을 받는 작가가 되어 있을지도 모를 일이다. 여의도에 있는 동아문화센터. 옆 교실에선가 저명한 임선희 선생의 문학 강좌가 있었는데 운명은 각도를 벗어나 나는 염색을 배우고 있었다. 염색 중에도 바틱에 꽂혀 실크와 파라핀에 빠져 있었다.

매번 수업 때마다 파라핀을 다루는 것도 좋았고 색깔과 디자인에 대한 감각도 있어 시간이 내 편이라 생각했다. 실크 스카프와 넥타이에 들어갈 무늬를 디자인하고 염색하며 유일한 내 작품을 세상에 선보인다는 자부심에 콧노래와 휘파람이 절로 나왔다. 더구나 그것을 선물할 얼굴들이 졸업사진 앨범처럼 있어 기뻤다. 장차 한국을 대표할 브랜드 네임까지 정하며 야무진 꿈을 꾸고 있었다.

일주일에 한 번이지만 수강료보다 재료비가 더 들었다. 게다가 완제품을 위한 가공비에 택시비, 그것도 부족했는지 어처구니없는 지출도 했다. 그날도 아침부터 서둘렀다. 아기를 맡기고 가야 하니 기저귀 가방에 염색 가방까지, 정신없이 종종걸음을 치는데 화장대에 올려놓은 남편의 두둑한 월급 봉투가 사정을 했다.

"저도 따라갈래요."

평소 귀가 얇은 나는 바쁜 와중에도 성실했다. 봉투째 가방 속에 집어넣었다. 택시 안에서 그래도 남편의 한 달 수고

비라 신경 쓴다고 가방 안 지퍼 속에 넣었다.

　여의도에서 수업을 마치고 절친 미경 씨와 팔짱을 끼며 거리로 나왔다. 택시를 타자는 내 말에 그녀답지 않게 버스를 타자며 팔을 끌었다. 버스 정류장엔 사람이 많지 않았다. 기다리던 버스가 와 타려고 앞문으로 가는데 누군가 나를 세게 밀쳐 하마터면 고꾸라질 뻔했다. 간신히 균형을 잡고 버스에 올라탔다. 넘어질 뻔했다고 미경 씨한테 말하고 있는데 앉아 있는 사람이 손가락으로 내 가방을 가리켰다. 그 손가락 끝을 보니 내 가방에 선명한 칼자국이 나 있었다. 정확하게 월급봉투가 들어 있던 곳이었다. 밀치고, 찢고, 채가고. 순식간에 소매치기의 정석에 당했다. 이미 버스는 떠났고 상황도 끝났다. 다리가 풀렸다.

　우리 식구의 한 달이 사라졌다. 기저귀도 분유도 적금도 콩나물도 시아버지 드릴 용돈까지 송두리째 날아가 버렸다. 당시 아파트를 분양받아 계약금과 중도금으로 모아 놓은 목돈을 낸 상태라 한 달 월급으로 한 달을 사는 생활이었다. 뭔가 말을 하고 싶었는데 본드로 입을 붙인 것처럼 떨어지지 않았다. 그날따라 버스를 타자고 한 미경 씨가 조심스레 말했다.

　"정란 씨, 내가 반이라도 보태게 해줘요."

　그 말에 정신이 들었다. 더 이상 혼이 나간 모습을 보일 수 없었다.

남편은 역시 남자였다. 후끈한 신혼이라 그랬을까. 아무튼 용케 그만큼의 액수를 갖다 주어 한 달을 무리 없이 해결했다. 그렇게 아찔한 며칠이 지나갔지만 미경 씨의 호의는 계속 훈훈하게 곁에 머물렀다. 나의 경험담은 사람들의 가방을 단단하게 단속했고 그 소매치기들은 손님이 없어 동네를 옮겼을 것이다. 그 사건이 어느 정도 꾸덕꾸덕 마르고 있을 즈음.

원효로에 가 넥타이와 스카프의 완성품을 찾아 염색 동아리 사람들을 만나기로 했다. 가방도 무겁고 이름도 생소한 커피숍이라 택시를 탔다.

"기사님, 이대 입구 '만주 땅은 우리 것'으로 가주세요."

아저씨가 뒤돌아보며 재차 물었다.

"허 참, 별난 커피숍 이름이 다 있네요."

내비게이션이 없던 시절이니, 길을 찾는 아저씨 목덜미가 축축해졌다. 도로변으로 서행하며 아저씨와 내가 탐색했지만 쉽게 찾아지지 않았다. 몇 바퀴 헤맨 후에야 드디어 그 요상한 이름의 커피숍을 찾아냈다. 승전고라도 울린 듯 잔돈까지 팁으로 주며 서둘러 내렸다.

'만주 지도'라도 걸려 있을까 했던 것과 달리 까페 내부는 평범했다. 인사를 주고받고, 커피를 시키고, 한숨 돌린 뒤 작품을 보자 해 꺼내려 하니 가방이 없었다. 염색에 필요한 도구와 재료가 다 들어 있고 교수님, 선생님, 선배 커플, 그리고 남편과 그의 지인한테 선물할 넥타이와 스카프까지 들어 있는 커다란 가방을 택시에 두고 내린 것이다. 있을 수 없는 일이 벌어졌다. 어떻게 손쓸 방도가 없었다. 단순하게 가방을 잃어버렸을 뿐인데 사라진 것은 그것만이 아니었다. 나의 시퍼런 열정도 통째로 날아가 버렸다.

한동안 '만주 땅은 우리 것'이란 이름에 감정이 많았다. 왜 '독도'나 '울릉도'나 '제주도'가 아니라 저 허허벌판 '만주'라 해서 사람 혼을 빼어 놓은 건지. 특이할 것 없는 공간에 얼마나 황당한 조합이었는지. 그 바람에 나의 소중한 몇 년을 잃어버렸다고 두고두고 원망했다.

돌이켜보니 월급봉투는 예고편이었다. 그 정도의 태클은 견딜 만했는데 염색 가방은 도저히 참을 수가 없었다. 오만 정이 다 떨어졌다. 세상일에 우연이 어디 있던가, 필연이다 싶었다. 염색과 관련된 모든 것을 정리했다. 미경 씨까지도. 처음엔 간간이 연락을 했지만 결국 그녀도 염색 가방처럼 잃어버렸다. 만약 그때 멈추지 않았다면 나는 돈과 시간과 열정을 낭비한 채 큰 손실을 본 뒤에야 손을 털었을 것이다. 그 지독한 파라핀과 싸우며, 누군가의 목덜미에 매달리거나 휘감길 작품을 구상하며 아마 정수리가 허허벌판이 되었을지도 모른다.

가지 못한 길과 가지 않은 길의 차이점은 무엇일까. 못하다는 능력의 문제이고 안 하다는 의지에 달렸으니 선명하게 구분된다. 나는 '안 하다'를 선택했기에 조금의 미련도 없다.

그때 '만주 땅은 우리 것'이 아니었다면, 가방을 잃어버리지 않았더라면, 내가 진정 원하는 길로 접어들지 못했을 것이다. 어쩜 그 길이 최선인 줄 착각하고 지금까지도 끌려 다녔을지도 모른다. 투자한 시간과 세월이 아까워 멈출 때를 놓쳤다면 굽이굽이 얼마나 많은 길을 헤매었을까.

그 후 긴 공백을 거친 뒤 한마음 과학원에서 마음공부를 하며 매일 일지처럼 노트북에 관觀 노트를 쓰게 되었고, 그때 같은 조에 있던 출판사 사장이 눈여겨보고 일현 선생님을 추천해 주었다. 당시 명상지도자 시험을 앞두고 있어 자격을 취득한 두 달 후에야 수업을 들을 수 있었다. 첫 수업에 밖으로 향한 큰 창문이 열렸고 그것을 통해 들어온 눈이 부신 햇살과 봄바람을 잊을 수가 없다. 덕분에 내가 무엇을 원했는지 확실하게 알게 되었고, 질리지 않고 끊임없이 좋아하는 그 길로 들어서 수필가란 평생 직업을 갖게 되었다.

그렇다면 만주 땅은 누구 것이었을까. 그리고 우리 것의 우리는 누구였을까. '만주 땅이 우리 것'이 없었더라는 전제는 생각하기도 싫다. 만주 땅의 우리는 나였다. 결국 '만주 땅은 나의 것'인 셈이다. 오래전이지만 그런 명당을 미처 알아보지 못하고 원망을 뿜어댄 '만주 땅'에 깊이 사과한다.

갑순이의 하루

언제부터인지 갑질 논란에 세간이 시끄러웠다. 아마도 특권의식에 '미투'를 비롯한 온갖 불합리가 교집합을 이룬 것은 아닌가 싶다. 그런데 영원불변한 것이 있을까. 어제의 갑이 오늘의 을이 되고, 어제의 을이 오늘의 갑이 되는 것을 정치인과 시인과 영화감독을 보고 알았다. 손바닥으로는 하늘을 가릴 수 없다는 것도.

일상의 위대한 수령 동지인 핸드폰을 유괴당했다. 그것도 고도의 범죄도시 홍콩에서. 택시에서 충전하려고 둔 것을 택시 기사가 홍콩말로 정신을 빼놓고 달아나 꼬리조차 찾을 수 없었다. 경찰서까지 찾아갔지만 알아들을 수 없는 소음만 듣고 왔다. 말도 안 통하는 곳에서 국제 미아를 만들었다는 죄책감이 극심한 스트레스를 불러왔다.

돌아오자마자 새 핸드폰을 개통했다. 2년 사이에 급발전한

최신 기능에 서툴러 서글펐지만 그것은 매직이었다. 이전 폰은 홍체 확인으로 국내 어디고 다 송금할 수 있어 그 재미에 지출이 늘었다. 심지어 영세상인 앞에서 보란 듯 눈동자만 맞추면 현금이 쏜살같이 그들의 통장으로 내달렸다. 그런데 새폰은 그리운 '눈동자'나 '엄지공주'가 필요 없었다. 간단히 패스워드만 치면 해외송금까지 돼 부모님이나 아직 공부 중인 늦둥이를 향해 비행기도 타지 않고 날아갔다. 창구에 가지 않아도 실시간 환전으로 달러가 외환 통장에 입금되었다. 핸드폰의 세계는 무궁무진했다.

그러던 중 갑자기 달러가 치솟아 1,200원을 넘었다. 큰애한테 삼천 달러를 송금하려는데 외환 통장엔 이천 달러가 있어 천 달러를 실시간 환전, 보란 듯이 송금하려 했다. 환전까지는 무리가 없었다. 다음 단계로 넘어가려는데 되지 않았다. 은행 콜센터에 전화를 걸어 도움을 받았다. 마지막 코스까지 잘 따라 하며 최종 확인을 클릭하는데 삼천 달러가 안 뜨고 3백60만 원이 떴다. 외환 통장이 아니라 국내 통장에서 원화로 빠져나간 것이다. 그러니까 손가락 하나 잘못 눌러 순식간에 40만 원 손해를 보게 되었다.

콜센터의 그녀는 방법을 알아보고 전화하겠다고 했다. 도대체 이런 실수를 어떻게 용납하라는 건지. 그때가 오전 11시 30분. 속이 쓰렸지만 잊기로 했다. '사백만 원 아닌 거에 감사해, 이 세상에서 돈이 가장 싸다.'라고 평소 남들에게 해 주는 단골 멘트를 꺼냈지만 한심하다는 자책을 떨칠 수 없었다.

3시가 조금 넘어 콜센터에서 전화가 왔다. 통장을 개설한 서초남지점에 가면 송금을 중단할 수 있다 했다. 귀찮은 생각도 들었지만 거금 40만 원이 아까워하던 일을 멈추고 뛰었다. 그날따라 매우, 몹시, 상당히 더워 지하철역에서 10분을 걸었는데도 땀범벅이 되었다. 다행히 폐점 시간 30분 전에 도착했다.

은행에 들어서니 몸처럼 마음도 시원했다. 창구 여직원에게 사정을 설명하는데 그녀의 인상은 찌는 듯 더웠다. 마감을 앞두고 골치 아픈 고객이 왔구나 싶었는지. 땀을 닦을 새도 없이 사정하는데도 시선조차 맞추지 않았다.

"신분증부터 주세요."

"신분증이 없는데 동사무소라도 다녀올까요."

"아니요, 소용없어요. 꼭 실물이라야 됩니다."

못해 주는 게 아니라 안 해 주겠다는 태도였다. 다시 재차 설명했다. 이런 상황이니 좀 도와 달라. 그러나 그녀의 갑질은 멈추지 않았다. 계속 안 된다고 하더니 짜증을 온몸에 묻힌 채 뒷자리 상관한테 뭐라 뭐라 했다. 계속 상황을 지켜봤으면서도 모르쇠로 일관하더니 마지못해 창구 쪽으로 나오는 뒷자리, 그는 갑돌이었다. 콜센터 직원이 가능하대서 급히 왔다고 하니 일단 핸드폰으로 신분증을 찍어 보내고 내일 직접 갖고 오라 했다. 충분히 가능한 일이었다.

난 옆집부터 수소문, 친한 이웃들에게 전화를 걸었다. 한 명, 두 명, 세 명째에 집에 있다는 반가운 소식을 들었다. 그녀에게 현관 비밀번호를 알려주고 내 주민증을 찍어 전송해 달라고 했다. 해결의 기미가 보였다. 그때 갑순이가 말했다.

"이젠 소용없어요. 벌써 해외 송금 중간 관리하는 외국으로 처리되었어요."

실랑이하는 사이에 시간이 흘러 넘어가 버린 것이다. 그 통보조차도 고압적으로 하는데 예쁘게 생긴 얼굴이 더 재수 없었다. 서 있던 뒷자리 갑돌이는 여전히 주머니에 손을 찔러 넣은 채 로봇처럼 죄송하다는 말로 약을 올렸다.

순간 뚜껑이 열렸다. 더 이상 40만 원은 돈이 아니라 종잇장이었고 두 인간의 갑질만 남았다. 고객의 정의가 무엇인가. 창구는 단순히 돈만 거래하는 곳일까. 헐떡대며 들어와 도움을 요청하는 고객에게 팔짱 끼고 싫은 내색을 하고 있으니. 더구나 나를 열 받게 한 것은 어떻게든 편의를 봐주려 한 콜센터 여직원을 얕잡아 본 태도였다.

'그냥 넘어가지 않겠다, 민원을 넣어 가만 안 두겠다, 돈이 문제가 아니다, 새파랗게 어린 사람이 고객을 함부로 대하는 태도는 용납할 수 없다.' 으스스한 협박 멘트를 날렸다. 속으로는 놀랐는지 몰라도 갑순이는 사과 한마디 없이 새초롬하게 입술을 다물고 있었다. 갑돌이는 그제야 웃음기 가신 얼굴로 진지해졌다. 소나기 같은 겁을 주고 나왔는데도 좀처럼 화가 풀리지 않았다.

지하철 의자에 앉아 분을 삭이는데 콜센터 직원에게 전화가 왔다. 본점에서 확인 결과 가능해 말씀드린 건데 시간이 지나 죄송하다고 했다.

"애쓰신 것 알아요. 그 마음으로 충분하니 그 여직원 이름과 직위 알려주세요."

이미 파악하고 있었는지 대뜸 ○○○ 계장이라 했다.

지금은 홍콩에 있는 둘째가 영국계 그 은행 본점에서 근무했었다. 콜센터녀에게 이사, 부행장 이름을 운운하며 갑질한 그 계장을 그냥 두지 않겠다고 엄포를 놓았다. 콜센터녀가 그 협박을 제대로 전했는지 핸드폰에 불이 났다. 소방차를 불러야 할 판이었다. 모르는 번호가 계속 떴다. 네다섯 번 안 받다가 받았더니 뒷자리 갑돌이었다.

"사모님, 죄송합니다. 이제 입사한 친구니 너그럽게 용서해 주세요."

사실은 한참이나 모른 척하며 실실대던 당신이 더 꼴 보기 싫었다고 말하고 싶었다. 이제 입사했으면 더 겸손하게 고객 응대에 최선을 다해야지. 계장이라던데 기본이 안 되었다고 하고는 전화를 끊었다.

둘째 딸은 인사 파트라 창구 직원은 아니지만 그래도 나는 둘째를 떠올리며 전의를 상실했다. 그것을 알 턱이 없는 그들은 몸이 달았다. 그동안 쏠쏠하게 갑질을 하다 이제야 임자를 만난 것이다. 발신 번호가 다른 전화가 계속 왔다. 비지땀을 흘리며 은행에 들어서던 나, 을순이는 졸지에 갑순이가 되었다.

한 시간 후 은행 번호로 뜨는 전화를 받았다. 아까의 갑순이었다.

"사모님, 제가 생각이 짧았습니다. 용서해 주세요. 정말 죄송합니다."

다시는 그런 일이 없도록 하겠다고 울먹이는 그녀를 믿어주고 싶었다. 어쩜 그녀는 입사부터 숱하게 들었을 '손님은 왕이다.'라는 제도에 숨이 막혀 한 번쯤은 갑이 되고 싶었을지도 모른다. 그래도 정도껏 해야 했다.

그런데 혹시 나는 손실에 대해 분풀이하고 있는 것은 아닌지, 누군가를 끌어들여 책임을 전가하고픈 심리는 아닌지, 사방에 널려 있는 갑질이 학습되고 있던 것은 아닌지, 물러터진 마음이 어느새 자기반성을 하고 있었다.

끝내 용서한다는 말은 안 했지만 내가 전화를 받았고 자기가 사과를 했으니 안도했을 것이다. 더 이상 불꽃이 튀지 않은 내 목소리를 감지하고 편하게 저녁도 먹고 다리도 뻗고 잘 것이다.

예상치도 않았던 일회용 갑순이의 하루가 저물고 있었다.

일상에도 마취가 필요하다

 건강검진센터에서 우리 내외가 위내시경을 받을 때였다. 남편이 먼저 들어가고 순서를 기다리는데 간호사가 내 이름을 불렀다. 주의사항을 일러주더니 서명할 서류를 내밀었다. 내용을 훑어보는데 안에서 왝왝대는 소리가 들렸다. 수면내시경으로 하지 왜 저렇게 고생할까? 마취된 상태로 검사를 받으면 위벽에 상처가 나도 모른다고 일부러 고생하는 사람 중 하나인 남편, 다행히 나오는 사람을 보니 그는 아니었다. 아무렴, 국보급 참을성을 가진 사람인데 그럴 리가 없지.
 내 차례가 되어 침대에 누웠다. 팔뚝에 마취 주사를 놓았다. '하나, 둘, 셋…'까지 셌는데 다시 일어나라고 했다. 아니, 장난하나? 아프게 놓을 때는 언제고 다시 일어나라니. 약간 어찔한 것뿐인데 끝났다고 했다. 정말 찰나였다. 그

사이 20분이나 흘렀다니. 나를 흔드는 간호사만 보였다. 회복용 침대로 옮겨 기다리는데 생각할수록 경이로웠다. 그날, 새삼 '마취'에 꽂혔다. 내가 그래도 아이 셋을 다 마취하고 출산한 몸 아닌가. 무심코 잃어버린 보물을 되찾은 기분이 들었다.

첫애를 낳을 때 양수가 터져 새벽부터 촉진제를 맞고 20시간 동안 진통을 해도 골반이 안 벌어졌다. 구급차를 타고 큰 병원으로 옮겼다. 탈진한 산모와 산도에 낀 아기 둘 다 위험했다. 진통이 계속되는 상태로 수술대 위에 열십자로 묶였다. 고통과 추위와 두려움으로 덜덜덜 떨었다. 너무 괴로운 나머지 죽어도 좋으니 오직 그 상태에서 벗어나기만을 간절히 바랐다.

오랜 준비 끝에 간호사가 숫자를 세라며 마취 주사를 놓았다. '하나, 둘, 셋.' 광야에서 외칠 수 있는 숫자는 오직 셋까지였다. 어렴풋이 이름을 부르는 소리에 눈을 뜨니 그 사이 건강한 아기가 태어났고 나는 회복실에 누워 있었다. 세상에 그런 기적이 있을 수 있다니? 도무지 믿기지 않았지만 모든 상황이 끝났다는 것에 안도하고 새 생명과의 만남에 들떠 '마취'는 우주 밖으로 떠나보냈다.

4년 뒤 미국에 있을 때 둘째가 생겼다. 그곳에서의 출산은 꿈도 꾸지 않았다. 만삭의 몸으로 귀국했다. 당시 똑똑한 부모들은 원정 출산까지 했는데 원칙주의자 나는 그들과 역주행했다. 의사는 꿰맨 자리가 터진다고 제왕절개를 권했고 또 십자로 묶인 채 첫 번과는 다른 차원의 추위와 두려움에 떨었다. 어깨를 흔드는 기척에 깨어보니 역시 기적이 일어나 있었다. 마법 여행은 그것으로 끝일 줄 알았다.

11년의 세월 뒤에 나는 다시 침대에 누웠다. 두 번의 경험과 40을 넘긴 능청스러운 나이에도, 알몸에 열십자로 묶이는 것은 괴란쩍은 일이었다. 다음 순서를 훤히 꿰고 있어 더 이상 떨지는 않았다. 이번에는 간호사의 '원 투 쓰리'에 무의식으로 돌진했다 '원정란 씨' 하는 소리에 돌아왔다. 강산이 한 번 변한 사이 무통 주사까지 개발되어 고통도 훨씬 줄었다. 그렇게 아이 셋을 다 기적의 선물로 얻었다.

그런데도 틈만 나면 전신마취에 원망과 비난을 퍼부었다. 심해지는 건망증과 기억력 감퇴의 원인이라고 투덜거렸다. 내 나이가 어때서? 그것은 오로지 '전신마취' 때문인데? 건건이 불화살을 쏘아댔다. 주범인 마취를 모아보면 세 번이 아니라 계류유산까지 두 번, 일 년에 한 번씩 하는 내시경까지 합쳐 손가락 발가락도 모자랄 정도가 될 것이다. 좋은 핑계를 끼고 살았다.

그러다 어느 날, '마취'를 재발견하게 된 것이다. 전신마취는 흡입마취와 정맥마취로 나누는데 내가 맞은 것은 주삿바늘로 정맥에 약물을 넣어 의식을 소실시키는 정맥마취였다. 그사이 평화롭게 잠들게 하고 위대한 작업을 해내는 의료진

들이 거룩했다. 일면식 없는 히포크라테스와 그의 후예들에게 심심한 경의를 표했다. 숱하게 많은 마취를 했는데도 무심히 흘려버리더니 그날은 제대로 꽂힌 것이다.

일상에도 마취 주사가 있다면 얼마나 좋을까? 전신마취가 아닌 마음의 고통을 없애줄 전심全心마취. 사는 게 힘들고 고단할 때, 한 대 맞으면 의식을 멈추고, 깨어나면 모든 문제가 해결되어 있다면 얼마나 좋을까. 가끔 방송을 통해 접하는 일가족 자살을 보면서 마음이 먹먹해진다. 본인은 물론 자식을 동반하는 심정이 얼마나 처절했을까. 잠시 그들에게 마취 주사를 놓고 시간을 벌어준다면 다시 살아갈 의지를 찾을 수 있지 않을까. 그렇다면 우리나라가 세계에서 자살 1위라는 불명예도 벗을 것이다.

마음에 맞는 무통 주사도 있으면 좋겠다. 크게 상심하거나 상처받았을 때 한 대 놓으면 회복되는 그런 주사. 고통이라고 불리는 것을 못 느끼게 하는 주사. 뭔가 조짐이 있으면 얼른 달려가 한 대 맞고는 사는 게 다 그런 거라고 공평하다고 느끼면서 안정과 평화를 되찾고 그래서 웃음으로 가득한 세상으로 만든다면 K-팝을 뛰어넘는 K-랜드가 되지 않을까.

그러면 '일체유심조'는 역사 속으로 사라질 것이다. 왜냐하면 모든 것은 마음먹기에 달린 게 아니라 주사 맞기에 달렸으니까. 그렇다면 '일체유심조'가 아니라 '일체유침조'가 될 테니, 생각만으로도 유쾌하다.

4. 손익분기점을 넘다

그·리·다
아프니까 중년이다
손익분기점을 넘다
말의 위력
웃고 있는 피에로가 되고 싶다
남다른 눈빛으로
초대하지 않은 손님
목소리에도 표정이 있다
사건의 지평선을 넘어

그 · 리 · 다

다시 또 누군가를 만나면
사랑을 하게 될 수 있을까?

　슬로베니아에서 크로아티아 국경을 향한 버스 안. 갑자기 조수미의 목소리가 반쯤 감긴 눈을 깨웠다. 이내 마음을 깨웠고 깊은 의식에 묻힌 그리움을 흔들어 깨웠다. 그럴 수는 없을 것 같다고, 도무지 알 수 없는 한 가지가 사람을 사랑하게 되는 일이라고, 〈사랑 그 쓸쓸함에 대하여〉를 리릭 콜로라투라 소프라노로 세포 구석까지 파고들었다. 그렇지 않아도 세월의 하중에 파삭해진 나를 위해 나선 길인데. 당신만 그런 거 아니다, 누구나 겪는 일이다, 창밖의 파란 하늘, 희디흰 구름, 달리는 투명한 바람까지 함께 설득하고 있었다.
　문우들이 2년 넘게 매달 5만 원씩 걷어 떠난 여행이었다.

은사님을 모시고 싶었는데 여의치 않아 결국 아홉 명만 떠나게 되었다. 슬로베니아, 크로아티아, 보스니아, 오스트리아, 발칸반도 4개국. 선생님 부재에 모두 서운했지만 깔끔하신 성품을 거스를 수는 없었다. 대신 책임감으로 내 어깨가 무거웠다. '다리가 떨리기 전 마음이 떨릴 때 떠나라.'는 충고가 무게감을 지탱해 주었고, 원형질 그대로 보관된 감성이 등을 떠밀어 주었다.

꾸밈없는 외모와 솔직 담백한 성품의 가이드는 강원도 출신의 45세의 골드미스였다. 나이보다 어려 보이는 미셸은 허스키한 톤으로 의성어와 의태어를 구사하며 우리를 그녀의 언어에 가두었다. 각 나라의 역사에다 에피소드를 토핑으로 올리니 장시간 이동이 지루하지 않았다. 그 박식함에 누군가는 가이드를 부러워했고 누군가는 강행군에 힘들겠다고 걱정했지만, 그녀의 국보급 설명은 우리가 그 시간을 오래 기억하는 데 혁혁한 공을 세웠다. 미셸의 휴식을 대신한 조수미의 CD '그·리·다'도 그 연장에 있었다. 그녀가 부른 대중가요 일곱 곡은 무채색 실크 스카프로 여행 내내 우리의 감동을 휘날리게 했다.

버스에서 내리자 '서러운 마음에 텅 빈 풍경이 불어'오고 있었다. 〈바람이 분다〉의 가사처럼. 그래서인지 폭이 넓은 강 주변을 따라 뗏목처럼 이어진 길의 바람이 부드러웠다. 그곳은 '어제와 같고 시간은 흐르고 있고.' 그래서 얼마나 걸었던가. 마지막 코너를 돌자 시선을 채우며 다가선 거대 폭포. 아, 크로아티아의 플리트비체! 직선으로 내리꽂는 강력한 물줄기, 비처럼 물보라가 온몸으로 떨어지고 있었다. 그 물이 텅 빈 내 안으로 파고들었다. 감동으로 벌어진 입에 스며든 것은 뜻밖의 설움, 거침없는 폭포는 내 가슴의 수문을 열고 눈물로 흘러내렸다. 그 웅장한 하강 앞에서 할 수 있는 일이란 고작 그것뿐이었다.

〈아바타〉의 네이티리와 제이크가 폭포 사이로 나무줄기를 타고 당장 뛰어내려올 것만 같았다. 손가락으로 셔터보다 기억을 더 많이 눌렀다. 긴 되새김을 위해 그 우렁찬 소리까지 꾹꾹 눌러 담았다.

폭포의 여운을 달고 발걸음을 옮긴 곳은 보스니아헤르체고비나의 모스타르. 모스타르의 뜻은 '다리'라고 했다. 그곳을 향해 내려가는 언덕 옆에 작은 묘비들이 사열 받듯 줄지어 있었다. 수년 전까지 내전을 치른 젊은 병사들의 묘라니, 평화는 찾았지만 아직 전쟁의 상처에는 핏빛이 선연했다. 〈나무〉의 노랫말이 바람에 흔들리며 일제히 일어섰다.

그대가 바람이면 내게로 와 흔들어주오.
나 혼자 외롭지 않게(…)

세계문화유산으로 지정된 옛 다리를 건너가니 거리마다 터키와 이슬람 문화들로 가득했다. 갖가지 방향제로 변신한 보라색 라벤더에 취하고 손끝 어린 소품에 취하다 보니 일행이 사라졌다. 혼자가 아닌 것을 다행으로 여기며 버스를 찾다 발견한 코너의 성당. 집합 시간이 다 되었지만, 자석에 끌려 안으로 들어갔다.

들어서자마자 입구 한쪽 벽 가득 붙어 있는 젊은 청년들의 사진. 그 앞에 무릎 꿇은 초로의 여인들. 죽은 병사의 엄마들인가 들떠 있던 마음이 가라앉는다. 두 손을 맞잡았다. 작년 봄, 수양벚꽃이 만개한 동작동 국립묘지에서 햇볕이 쨍한 시간, 비석 앞에 앉은 굽은 등 뒤에 서 있었다. 컴컴해서였을까, 그보다 더 비감한 뒷모습이었다. 잠시 그들을 위해 고개를 숙여 마음을 모으고 무거운 발걸음을 돌렸다.

슬로베니아의 프레드 야마는 바위 절벽 한가운데 성이 들어있는 독특한 외관이었다. 세계에서 유일하게 성은 앞쪽만 있고 뒤쪽은 동굴로 연결된 천혜의 요새. 한국어로 된 가이드 이어폰이 있다는 게 놀랍다. 그것으로 내부 곳곳을 안내받았다. 요리하던 화덕, 굴뚝과 연결된 통로, 용변이 절벽 아래로 낙하하는 화장실, 귀족들의 침대, 작지만 성스러운 예배실 등 동굴 속 생활이 고스란히 보존되어 있었다. 작은 창에 매달린 종을 쳤다. 착한 종소리가 은은하게 먼 옛날을 향해 떠났다. 〈흩어진 나날들〉처럼 아직 그 소리를 기억할지?

함께했던 기억의 조각들을 세어보곤 해
부질없는 걸 알면서도 네가 다시 그리워

 로마 유적이 남겨진 크로아티아 스플릿에는 노래의 선율처럼 비가 내렸다. 찢어진 우산 없이 빨, 노, 파 우산만으로도 삼십 년 전으로 되돌아간 우리는 함께 뒤엉켜 그리움에 젖어들었다. 디오클레시안 궁전을 돌아보고 다시 피란으로 이동, 소금 초콜릿과 해변 관광, 자다르에서 유명한 바다 오르간 연주를 들으며 심술궂은 바람에 맞서 아드리아해 앞에 말 없는 이정표처럼 섰다. 저 수평선 너머 그 끝에서는 익숙한 고국의 흙냄새가 날지도 모른다는 희망 때문에 열다섯 시간 비행기를 타고 왔다는 사실을 잠시 놓쳤다. 여기가 어디던가?
 파란 물감을 풀어놓은 크로아티아의 바다에서 연안 보트를 탄 일행들은 모두 한 점의 그림이었다. 버나드 쇼가 '지상의 천국'이라고 한 드브로브닉. 영상으로 보던, 엽서로 보던, 친구의 말로 보던 곳이 라이브가 되었다. 뒤이어 성벽 투어로 오르다 돌아보니 하늘, 바다, 빨간 지붕이 한 액자 속에 들어 있다. 벌어진 입이 더 벌어졌다. 미로처럼 끝없이 하늘로, 하늘로 비상하는 길들. 드브로브닉이 진하게 내 맘에 들어왔다. 곳곳에 묻어 놓은 감탄과 뿌려 놓은 환호와 숨겨놓은 절정이 튀어나와 '뛰어가고 훨훨 날아가고' 있었다.

그곳에 오래오래 남고 싶었다.

여정의 마지막 도시는 오스트리아 그라츠. 끝이라는 여운이 미련을 길게 끌어왔다. 일요일이라 대부분 상점이 문을 닫아 말 그대로 아이 쇼핑만 했다. 대성당 앞에서 결혼식을 올린 신랑 신부가 사진을 찍고 있었다. 눈부신 하얀 드레스와 검은 턱시도. 예쁘다는 찬사에 기분이 좋았는지 9등신 새신랑이 함께 사진을 찍자고 했다. 져스트 메리드. 한국이나 그곳이나 세계 어디서나 그렇게 막 결혼한 커플은 풋풋하고 싱그럽고 아름다운 꽃들이다.

    꽃밭에 앉아서 꽃잎을 보네.
    고운 빛은 어디에서 왔을까 아름다운 꽃이여~ 꽃이여!

나도 한때 꽃이었는데. 지금은 누가 훔쳐 갔을까? 아름다운 꽃이여. 스스로 이름을 불러줄 수만 있다면, 향기의 농도만 다를 뿐 꽃은 역시 꽃이 아닐까.

우리는 '그렇게 좋은 날'에 돌아와야 했다. 잠시의 휴식은 '꽃밭' 천지였다. 흔적마다 새겨진 '고운 빛'을 끌어안고 언제 가겠다는 기약도 없이 돌아왔다. 다시 또 돈을 모으고 마음을 모으고 시간을 모을 것임에도 불구하고. 살아 움직이는 퀘렌시아의 화살표가 어디로 향할지 우리도 모르기 때문에.

지금 거실에는 '그·리·다' 일곱 곡이 가득 피어나고 있다. 그것은 망각의 수풀을 헤치고 파란 하늘, 하얀 설봉, 빨간 지붕, 초록 트램, 핑크빛 신혼부부, 에메랄드빛 바다, 회색 병사의 묘와 더불어 발칸 네 나라를 파노라마로 펼쳐내고 있다.

어느새 그것은 내 그리움의 목록에 동사動詞가 되었다.

(2018년 《에세이문학》 가을호)

아프니까 중년이다

인생을 사계절에 비유하곤 한다.

꽃 피는 봄을 청춘이라 하면 여름과 가을과 겨울은 장년, 중년, 노년인데 백세시대가 되면서 판도가 달라졌다. 10대, 20대의 전유물이던 청춘은 어느새 30대로 확장되고 간혹 40 초반도 편승, 지구 온난화처럼 봄여름의 경계가 없어졌다. 중년은 신중년의 개념으로 40, 50, 60대까지 지평을 넓혔고 장년이란 말을 사라지게 했다. 이제 노년도 80세가 넘으셔야 편하게 호칭할 수 있으며 70대는 눈치껏 해야지 아니면 봉변을 당할 수도 있다. 차라리 애매할 때는 호칭을 생략하는 게 현명한 처신이 아닐는지. 그렇게 인생에서 가을의 총량이 길어졌다.

봄, 여름을 보내고 겨울 앞에 선 가을은 낭만과 지혜의 계절이다. 누군가에게 탐스럽게 익은 글자로 편지를 쓰고,

초록 지식에 단풍이 들고, 감나무처럼 연륜이 주렁주렁 매달린, '도라지 위스키 한 잔에 짙은 색소폰 소리를 듣고 싶은' 계절이 중년이다. 수년 전 김난도 교수의 《아프니까 청춘이다》란 책이 베스트셀러가 된 적이 있다. 책 표지에 리드 글이 이렇게 쓰여 있다.

불안하니까 청춘이다.
막막하니까 청춘이다.
흔들리니까 청춘이다.
외로우니까 청춘이다.
두근거리니까 청춘이다.

그 책을 읽고 질투가 났다. 청춘, 존재만으로도 빛나는 시기인데. 충분히 앓아야 성장하는 때, 지난밤 과음 끝의 속쓰림 같은 통증을 중환자 병동에 넣은 느낌이 들었다. 청춘은 호들갑스러울 정도로 챙기면서 정작 가슴 시린 중년에겐 관심도 없다니, 비록 면허는 없지만 자격은 있어 조목조목 중년을 대변하고 싶었다.

'불안하니까 중년이다.'
청춘의 불안이 무질서하다면 중년의 불안은 무차별하다. 벌써 밀도 자체가 틀리다. 청춘이 사막의 오아시스를 찾아

트레킹하는 불안이라면 중년의 불안은 이미 오아시스를 찾고도 해갈이 안 되는, 가능성마저 소진한 두려움의 합집합이다. 느닷없는 퇴사로 이 세상에 오롯이 혼자 남겨진 것 같은, 지금까지의 헌신이 헌신짝처럼 취급되는 굴욕과 아직 남아도는 능력의 틈새에서 죄책감을 느끼는 좌불안석의 위기감. 갈 곳이 없어도 갈 곳을 찾아 나서는 허망한 발걸음, 누구로부터도 환영받지 못한다는 자괴감이 중년의 불안이다.

'막막하니까 중년이다.'

청춘의 막막에는 희망이 있지만 중년의 막막에는 절망이 들어 있다. 무기력과 어깨를 나란히 한 중년은 허울 좋은 관록만 창고에 쌓여 있을 뿐 청춘처럼 앞으로 박차고 나갈 여력이 없다. 극복하겠다는 의지도 힘을 받지 못한다. 출구를 가진 극소수는 있으나 대부분 스스로 미로에 가두고 무겁게 씨름하고 있다. '내 나이가 어때서' 인생 여정이 다 그런 거라 위로하지만 매번 그 끝은 체념과 맞닿아 있다. 엄습하는 운명 앞에 위아래를 위해 머물거나 멈출 수도 없는 중년의 막막함은 컴컴한 동굴이다.

'흔들리니까 중년이다.'

청춘의 흔들림은 당연한 자기방어다. 그러나 중년은 변두리 포장마차에서 한잔 걸친 뒤 갈지자로 비틀거리는 자기의 방출이다. 자식, 부모, 친구, 직장, 선배, 후배, 남편 혹은 아내, 중년을 흔드는 요소는 너무 많다. 예상은 했지만, 대비 못한 명퇴, 저 혼자 큰 것 같이 오만한 자식들, 완성되지 않은 목표들과 느닷없이 닥친 갱년기의 횡포에 크게 흔들렸다. 기울기 시작한 시력과 청력과 심력까지 죄다 끌어안은 채 아기 요람처럼 흔들려 줄 뿐이다. 늘 휘청대며 끝까지 길을 밝히는 달빛처럼, 바닥에 길게 누워 따라오는 그림자처럼, 중년의 흔들림에는 세상에서 가장 묵직한 은유가 들어 있다.

'외로우니까 중년이다.'

청춘하고 중년하고 어느 쪽이 더 외로울까? 인간은 태생이 외로운 존재라 하지만 그래도 청춘은 화려하고 중년은 검소하다. 청춘이 치맥을 즐긴 뒤 길거리를 배회하며 고래고래 소리 지르는 록rock이라면 중년은 밤바다에 홀로 앉아 깡소주를 기울이며 나지막이 부르는 대중가요와 같다. '쿵작쿵작 쿵짜짜 쿵짝 네 박자 속'에 사랑도 있고 이별도 있고 눈물도 있어 연극 같은 세상사라는 정서의 정점. 사무친다는 표현이 딱 들어맞는, 누구한테 토로할 수 없는, 그렇다고 삼킬 수도 없는 절대 고독의 한가운데가 중년의 외로움이다.

'두근거리니까 중년이다.'

청춘이 두근거리는 것은 시작을 의미하는 축복이다. 중년의 두근거림은 걱정을 부르는 불규칙한 호흡이나 식지 않은 열정의 반란이다. 다행히 중년의 것은 둔탁하지만 진중하다. 씨실 날실이 된 과거가 그리움을 소환하고 그것이 사랑이건 미련이건 욕심이건 심장을 더 힘차게 펌프질한다. 왕년의 '~라테는 말이야'가 처량하게 귓등에 맴돌며 표류하지만, 지금껏 지켜 온 가정과 사회와 국가를 떠올리면 언제나 힘찬 박동으로 바운스 바운스, 열심히 두근거린다.

청춘은 마음이 아프고 중년은 총체적으로 아프다. 중년의 중이 가운데 中인 것처럼 샌드위치의 사이의 잼처럼 위아래로 납작 끼여 아프다. 그런데도 대부분 육체의 아픔 외에는 보려고 하지를 않는다. 상구보리 하화중생, 위로는 부모님과 어르신께 아래로는 자손과 후배에게 나무 그늘과 언덕이 되어 주어야 하니 니체의 '초인超人'으로 빙의되어 책임을 완수하고 싶었을 것이다. 그들이 불혹, 지천명, 이순을 거치며 최선을 다해 작게는 가정에 크게는 사회에 헌신했다는 사실을 인정해 준다면 쪼그라진 자존심이 당당하게 펴지지 않을까.

삶의 방식이 다르고 세대마다 가치관이 다를 뿐인데 꼰대로 취급당하니 여기저기서 앓는 소리가 안타깝다. 이젠 자투리땅으로 밀려 나 목소리에도 힘이 빠진 중년을 부디 보듬어 주기를 바란다. 아프니까 청춘이다? 천만에 아프니까 중년이다.

지혜로운 자는 과거를 아쉬워하지 않으니 아름답고,
현재를 붙잡으려 하지 않으니 자유롭고,
미래를 두려워하지 않으니 새롭다.

누군가의 이 현명한 가르침이 우리 모든 중년에게 이정표가 되었으면 한다.

(2020년 《수필오디세이》 가을호)

손익분기점을 넘다

중학교 졸업 무렵, 눈을 혹사했다. 이글거리는 태양을 눈이 빠지게 쳐다보았고 책도 일부러 가깝게 해서 읽곤 했다. 이유는 멋진 금테 안경을 쓰기 위해서였다. 공부를 그렇게 했다면 얼마나 좋았을까. 시험 때 벼락치기만 해도 성적이 좋은데 궁둥이 붙이고 앉아있는 것은 미련한 일이라 생각했다. 천문학자 갈릴레이는 망원경으로 천체를 관찰하다 시력을 잃을 뻔했다는데 개념 없는 사춘기는 말도 안 되는 이유로 시력을 약화시키는 데 성공했다. 결국 고등학교에 진학하면서 칠판 글씨가 안보였고 엄마는 '학생이 금테를 해도 되냐?'고 몇 번이나 확인한 뒤 지갑을 여셨다.

당시 학칙에 금테는 위반이었다. 폼 나게 착용하고 집에서 출발, 교문 몇 미터 앞에서 안경을 빼 케이스에 넣고 교문을 통과하면 다시 꺼내 썼다. 교실에 들어서면 친구들은 열광했고 한 번 써보면 자기 것이 된 양 대리만족했다. 용의 검사라도 있는 날엔 미리 알려줘 나는 전교에서 유일한 금테로 군림할 수 있었다. 그 후 학칙이 완화되어 제2, 제3의 금테들이 등장해 희소성이 없어지자 새로운 목표로 옮겨 탔다.

안 의학의 발전은 대단했다. 안경도 놀라운데 콘택트렌즈까지 개발해 내다니. 그 소식을 듣고는 안경이 무거워 콧등이 시큰거린다고 투덜댔고, 얼굴에서 눈이 제일 볼 만한데 가린다고 불평했다. 갖고 싶은 것을 쟁취하는 데 맏이라는 서열을 이용, 결국 렌즈도 득템했다. 렌즈 부작용으로 빨간 토끼 눈이 되면 패셔너블한 검은 뿔테 안경을 쓰고, 다 나으면 다시 렌즈를 번갈아 착용하며 사춘기를 필터링했다. 도도한 세월은 시력과 반비례했고 퇴적물처럼 안경테와 렌즈 통만 수북이 쌓였다.

마흔을 넘긴 출산으로 일상에 예민해졌다. 분유를 타려면 안경부터 찾아야 하니 더 우울했다. 때마침 근시를 교정하는 라식이 등장했다. 대단하다고 남편에게 말했더니 낌새가 수상했는지 '눈에 칼을 대는 것은 위험하다, 임상실험을 마치지 않아 실명의 위험도 있다.'고 겁을 주었다. 안과의사도 본인은 물론 가족에게도 권하지 않는다며 반대했다. 임상실험? 얼마를 기다려야 하는지. 큰애 둘도 안경을 써 미모의 90퍼센트를 깎아먹고 있는데. 속으로 그것을 기다리느니 차라리 내가 모르모트가 되는 게 낫다고 생각했다. 무조건 직진이었다.

 마침 남편이 3박 4일 일정으로 워크숍을 간다니 절호의 기회였다. 남편이 출발한 날 아침, 늦둥이를 맡기고 안과로 달려갔다. 25년 전이니 수술비 300만 원은 큰돈이었다. 의욕이 앞을 가려 그 가치는 3만 원 정도로 여겨졌다.
 "선생님, 제 나이에 출산한 지 백일이 안 됐는데 수술해도 괜찮을까요?"
 "아니, 애 낳는 거와 눈 수술이 무슨 상관이 있어요?"
 나중에 보니 최소한 백일이 지나야 모든 기능이 정상이 된다는 어른들 말씀이 맞았다. 그는 거금의 손님을 놓칠까 봐 성의 없이 답했는데 나는 그것을 당당한 실력으로 오독하고는 선뜻 수술대에 올랐다.
 어쨌든 결과는 대만족이었다. 주변 밝기부터 달라 잃어버렸던 세상을 찾은 기분이었다. 무의식중에 눈을 비비면 안 되니 각막이 붙을 때까지 고글처럼 생긴 안대를 끼고 자야 했다. 침대에 누워 남편이 잠들면 거실로 빠져나와 안대를 끼고 소파에서 자고 남편이 깨기 전 새벽에 침대로 돌아갔다. 한 달 동안 관객 없는 밤무대에서 원맨쇼를 했다. 삼신할미의 노여움을 샀는지 한쪽 눈 끝부분이 붙지 않아 안과를 들락거렸다. 그러나 넘치는 자신감으로 손익분기점은 수술 당일로 넘어섰다. 몇 년 후 아이 둘 다 인물이 살아난 것도 전부 순이익이 되었다.

그러나 삶은 지독하게도 공평했다. 그렇게 구속을 벗고 십 년을 보낸 어느 날, 책을 보려니 작은 글씨가 잘 보이지 않았다. 근시를 내어주고 원시를 받은 것이다. 세월의 계급장으로 여기고 적당히 보고 적당히 넘기려 했으나 제대로 봐야지 적당하게 완급을 조절할 수 있었다. 무엇보다 나이테가 늘어 가면 실수도 합세하니 돋보기의 도움을 받아야 했다. 그것은 거실, 안방, 서재, 화장실, 핸드백, 차량까지 점령하며 필수품 1위로 등극했다. 급행열차 같은 시간을 따라 도수도 점점 높아졌다. 급기야 돋보기 없이는 하얀색은 종이, 검은 점들은 글씨인 정도까지 이르렀다.

시력이 2.0이라 50살까지 안경 없이 살던 친구가 있다. 그녀의 갱년기는 노안으로 왔다. 난시에다 근시, 돋보기에 선글라스까지 안경을 세 개씩 써야 한다며 괴로워했다. 그러다 실손 보험에서 전액을 지원받아 노안 수술을 하고 나타났다. 제2의 인생을 산다는 친구는 '개안독립만세!'를 외쳤다. 생기 있는 눈빛은 물론 외모도 걸음걸이, 그리고 자존감에도 아우라가 느껴졌다. 나도 당장 달려가고 싶었다.

그렇지 않아도 태어날 손주를 만나며 돋보기를 써야 하는 게 구차했다. 안 쓰면 우유병 눈금도 못 읽고 머리카락도 못 보는 눈뜬장님이 될 테니. 서둘러 실손 보험사와 통화하니 가입 시기가 늦어 자격이 안 된다고 했다. 생돈으로 내기에는 거금이라 뿌연 하루를 꾸역꾸역 보냈다.

그런 어느 날, 돋보기를 걸치고 유튜브를 보다 한 광고 썸네일에 붙잡혔다. '아직도 불편하게 살고 있나? 단 10분이면 교정 가능한데?'에 꽂혔고 뒤이어 '검사비 무료'라는 굵은 글씨에 블랙홀처럼 빨려 들어갔다. 검사비가 무료라, 무려 30만 원을? 그 자리에서 신상을 적고 접수를 클릭했다. 그리곤 까맣게 잊었는데 며칠 후 연락이 왔다. 강남역에 있는 안과라나. 상담만 하고 수술은 안 받아도 된다는 목소리가 어찌나 새털구름 같던지 그냥 예약을 잡았다.

강남역 6번 출구, 그 주위로 안과가 몰려 있었다. 병원은 세련됐고 깔끔했다. 가자마자 10개가 넘는 첨단기계가 디테일하게 검사를 하니 믿음이 커졌다. 진료를 기다리는데 부산에서 왔다는 옆에 앉은 분이 자기 친구와 동생도 거기서 했다며 의사가 명의라고 칭찬했다. 나는 차마 유튜브 광고를 보고 왔다 고백 못하고 맞장구로 말꼬리를 감추었다.

진료실에 들어가니 의사가 눈 모형을 들고 수술에 대해 자세히 설명해 주는데 부산 아지매로 얻은 신뢰감이 확신으로 변했다. 백내장이 좀 있고 노안 교정 렌즈 삽입 수술에 적합한 상태이고 효과는 기대 이상일 거란다. 수술 날짜를 잡았다. 그런데 제일 궁금한 비용 얘기는 꺼내지 않았다. '수술은 의사에게 비용은 실장에게' 요즘 병원의 룰다웠다.

실장이 상담실로 데려갔다. 실손 보험이 되면 900만 원, 자기 부담은 할인해 700만 원이라 했다. 그러면서 종씨라고 반가워했다. 명찰을 보니 '원 아무개'. 그럼 우린 본이 하나니 실장님과 가족이고, 그럼 가족 할인 안 될까요? 웃자고 한 말인데 의외로 통했다. 100만 원이나 할인받았다. 가입한 보험을 묻더니 종신 보험에서도 한쪽 눈마다 50만 원씩 지원받는다고 알려주었다. 수술이 아니라 렌즈 삽입이라니 그전과 달리 짠지 남편도 단무지가 되었다. 그때 500만 원은 50만 원처럼 느껴졌다.

  수술 당일 운전이 힘들 거라 해 전철을 타고 갔다. 강력 테이프로 눈꺼풀을 위아래로 고정시키고 눈동자만 계속 마취했다. 수술 과정 내내 깨어 있는 게 힘들었다. 그나마 의사가 지금은 무엇을 하고 다음은 무엇을 할 것이라고 조곤조곤 설명해 주어서 견딜 수 있었다. 그동안 백내장 수술이 별거 아니라고 쉽게 생각한 것을 반성했다. 두 시간처럼 느껴진 이십 분 후, 수술실을 나와 거울을 보니 살색 반창고로 덕지덕지 붙인 애꾸눈은 아주 흉측했다. 인증샷을 남겼지만 그런 모습으로 보호자 없이 혼자 전철을 타고 가는 내가 독립투사 같았다.

  다음 날, 다른 쪽 눈도 마저 수술했다. 두 번째라 여유로울 줄 알았는데 더 떨렸다. 어제 설명했다고 말수가 줄은 의사, 대신 소리가 주는 공포가 도드라져 전날보다 더 무섭고 길게 느껴져 수술이 끝나고 나올 때 만세를 부를 뻔했다.

  효과는 놀라웠다. 다음 날 벌레 똥 같던 신문 글씨가 죄다 보였다. 안개 낀 몽환적인 먼 곳도 깨끗하게 보였다. 줌인으로 당기거나 줌 아웃으로 밀거나 죄다 내 시야 안에 있었다. 라식과는 또 다른 신세계였다. 정견正見의 시작이다. 이제는 자세히 보아야 더 예쁜, 더 좋은 것들과 함께할 것이다. 사람 속까지 훤히 꿰뚫어 볼 것 같다. 습관이 얼마나 질긴지 하루에도 몇 번씩 돋보기를 찾는 헛손질이 유쾌하다.

일 년이 지나 정산해 보니 손익분기점을 훨씬 넘겼다. 순이익은 차고도 넘친다. 친구들 모임에 읽기 당번이 된 것, 선배님들께 인간 돋보기가 되어 드린 것, 미국 가서 임무를 훌륭하게 완수하고 온 것까지. 장담하건대 몇 년 안으로 수익률 1,000퍼센트를 달성할 것이다. 왜냐면 코끝에 걸친 돋보기가 10년 세월을 끌어당기는데, 나는 어떤 방해도 없이 앞으로 쭉, 전후방 좌우 막힘없는 젊은 시력이기 때문이다. 사은품으로 따라올 젊은 시각도 이미 수익률로 잡아 놓았다.

어디선가 '거치른 벌판으로 달려가자.'는 김수철의 〈젊은 그대〉가 들리는 듯하다.

(2023년 《에세이문학》 겨울호)

말의 위력

　벌써 몇 년 전 일이다. 이기주 작가가 《언어의 온도》라는 작품으로 많은 독자의 마음을 훔쳤다. 온화한 그의 말은 마치 군불 땐 아랫목처럼 뜨끈했다. 혼자 말을 쓰고 그것을 말 등에 실어 출판을 하고 다시 말이 끄는 가마에 태워 서점마다 직접 발로 뛰며 마케팅, 그 결과 베스트셀러 가판대를 독점한 모습을 보며 무릎을 쳤다. 거기에 힘입어 작가는 차기작으로 《말의 품격》까지 출간했다. 그는 적어도 많은 독자에게 말의 힘에 대해 생각하게 했을 것이다.

　가끔 말을 던지는 사람을 본다. 아픈 말이다. 영락없이 돌팔매다. 의도하지 않더라도 날아간 돌멩이는 상대에게 치명적인 무기가 될 수 있다. 무심코 던진 돌에는 개구리만 죽지만 작정하고 던진 말에는 사람이 죽을 수 있다. 실제로 유사한 경우를 보았다. 칼 같은 말로 온몸을 찔린 것이다. 흉기나 다름없었다. 당한 사람은 식음을 전폐하고 시름시름 앓더니 우울을 뒤집어쓰고 자리에 눕고 말았다. 병원을 집 삼아 다니고 몇 년이란 세월을 보낸 후에야 간신히 일어설 수 있었지만 지금도 그녀는 그 횡포에 진저리를 친다. 암의 원인이 극심한 스트레스라는 것을 보면 예리하게 마음을 도려내는 칼날 같은 말도 발병에 직접적일 수 있다. 말 습관은 누구보다 본인이 잘 알고 있을 테니 스스로 조심하는 수밖에 없다.

평소에는 나긋나긋하다 어떤 일에 돌변해 말꼬리를 잡는 사람이 있다. 무시무시하다. 누구나 말꼬리를 잡히면 허둥대고, 수습하려다 코너에 몰리고, 빠져나오려다 다시 말꼬리가 잡히고. 어떤 꼬리보다 고약한 것이 말꼬리다. 그런 사람은 십중팔구 그런 식의 말로 사람을 벤다. 물 같은 극소수를 제외하고는 대부분 그런 말에 심한 상처를 입고 깊은 흉터가 남을 테니까.

누군가를 비난하는 말도 슬픈 말이다. 십중팔구 양아치처럼 뒷골목에서 쑤군댄다. 당사자를 앞에 놓고 한다면 그것은 비난이 아니라 건강한 충고가 된다. 대부분 그렇지 못하다. 누구나 가끔 이해가 갈릴 때 그럴 수 있어도, 절대 단속이 되는, 무덤까지 가져갈 상대 아니면 입을 닫아야 한다. 말에 다친 억울한 눈물이 모여 바다를 이룰 것이고 급기야 발설자가 그 물살에 휘말려 허우적거리게 댈 것이다. 그럴 시간에 차라리 나를 평가하자. 나는 이런저런 사람이라고. 그 사람? 그 사람은 잘 모르지. 내가 아는 건 코끼리 장님 만지기니까. 유영만 교수의 권유대로 언격言格이 인격人格을 결정하니 남의 견해에 말의 중심을 잃지 않도록 하는 것이 남은 생의 목표이기도 하다.

점점 나이테가 늘어가면서 모든 것이 늘어난다. 혹자는 말도 무겁다고 덜어내라 한다. 남의 판단까지 머리에 이고서 그것으로 심판관처럼 판결문까지 쓴다면 한 걸음도 내디딜 수가 없다. 빈약한 다리 근육이 견뎌내지 못할 것이다. 사실도 버거운데 거기에 각색까지 한 모래주머니를 여러 개 차는 것과 같으니.

말에도 다리가 있다. 처음에는 타는 말보다 다리가 적은데 사람을 하나 거칠 때마다 늘어난다. 그렇게 의도가 늘어나 정작 도착지에서는 그리마처럼 수많은 다리가 달려 있다. 확인되지 않은 '카더라'일 경우 불어나는 다리는 기하급수적이다. '누구누구가 그러던데'라고 남을 들먹이며 뒤로 숨는 말은 한 많은 대동강보다 더한 한을 끌고 올 것이다. 글쓰기에도 바쁜 세상에 말판에 끼어들다니. 버릇이 습관이 된다. 혹여 어쩌다 의도치 않게 그 대열에 끼였다 해도, 지금부터는 손절하는 게 어떨지. 제발 '여자들이란' 전제가 붙지 않게 말을 강건하게 버리도록 하자.

몇 년 전부터 계속 만나기만 하면 고맙다고 하는 사람이 있다. 기쁜 말이다. 고마운 일을 한 적이 없는데도 고맙다는 말끝은 늘 달았다. 그 사람에게는 어쩐지 고마운 일을 해 주고 싶었으니까. 나도 몰래 그녀를 만나면 미투하게 되었다. 회색빛 미투가 아니라 초록빛 미투me too, 나도 고마워. 고맙다는 말처럼 기분 좋은 말이 어디 있을까. 덩달아 행복해진다. 그 말을 듣는다면 뭔가 이익 되는 일을 해 주고 싶다. 그런 맛을 봐서인지 어느새 내 입에는 '고맙다'란 말이 달렸다. 별일 아닌 일에 인사를 받은 상대편의 당황한 마음도 내겐 고맙다. 그의 내면을 붉게 물들였을 온도가 느껴지기 때문이다.

그래도 코로나에게는 '고맙다'가 절대 안 나온다. 코로나로 인해 가족의 소중함, 관계의 소중함, 환경의 소중함을 알게 되었어도 많은 인명을 앗아갔으니 절대로 고맙지 않다. 강제적 침묵에 갇혀 말을 들여다볼 수 있게 된 것이 그나마 수확이었다. 코로나는 우리한테 '정상'이란 말을 뺏어갔다. 다시 이전으로 돌아간다 해도 '정상'적일 수 없을 것이다. 고약한 헤게모니의 끝이 어디까지일지.

변칙적이고 불안한 미래지만 기쁜 말의 선한 영향력을 잊지 않기를 바란다. 새로운 패러다임이 생겨도 '말의 위력'을 넘어서지는 못할 것이다. 그 어떤 것보다 더 세계적이고 범우주적인 긍정의 말이 오래오래 전파되기를 염원한다.

웃고 있는 피에로가 되고 싶다

 아침만 해도 번뜩이는 글감이 떠올랐다. 그것을 놓칠세라 제법 뼈대를 세우고 근육을 입히고 피를 돌게 하면서 기뻤다. 머릿속에 '저장!' 하며 기세 좋게 뜨는 태양을 보며 으스댔는데, 오전에 부지런 떤다고 집안일 조금 돌아보고는 그것을 정리하려 노트북을 켜니 흔적도 없이 사라졌다. 그렇게 다진 단어의 조각이나 희미한 이미지조차도 떠오르지 않았다. 점점 사라져가는 것에 익숙하다고 큰소리를 쳐도 그런 기억을 되살려내려고 머리를 짜내는 노력은 눈물겹다.
 미간을 찌푸리고 두 눈을 감고 주먹 진 양손을 관자놀이에 대고 뇌 속을 샅샅이 검색해도 그것은 오리무중이다. 벌써 그사이 어떤 행성으로 떠났는지 돌아올 기미가 없다. 이쯤 되면 나는 입술을 자근거리며 돌아선다. '이건 나만의 문제가 아니야, 세월 탓이고 음, 그리고 뇌 속이 꽉 차서 그래.'라고 위로하지만 내게 스며들지 않는다. 매번 도돌이표가 되고 있다 보니 다리에 힘이 빠진다.

어쩔 수 없다고 잊어가고, 잃어가는 것에 무뎌지려 하지만 그물에 잡아 놓은 글감을 놓치면 원통절통하다. 나름대로 민첩하게 적어 놓은 단어와 문장이 무슨 뜻인지 몰라 '왜 써놓았을까?'에 골똘하다 결국은 뒤돌아선다.

얼마 전, 옆집 사회복지과 교수의 말에 나는 그나마 있던 희망마저 잃었다.

"난 머리 나빠질까 봐 수면 내시경도 안 해요."

기억력 감퇴를 막기 위해 건강 검진 때 마취를 안 한다니. 의학적으로 증명된 것도 아닌데도 그녀의 용의주도한 모습에 충격을 받았다. 나는 수면 내시경 때 한 '마취'를 경이의 세계라고 칭송한 적이 있다. 간호사의 '원 투 쓰리!'에 갔다가 다시 '원 투 쓰리!'에 돌아오는 15분. 그러나 우리가 느끼는 그 찰나의 시간의 업적에 대해 쓴 적이 있는데 그것을 옆집이 읽었다면 얼마나 무지하다고 했을까.

그녀의 논리대로 라면 나는 심각한 사람이다. 나이를 먹으면서 끊임없이 뇌세포가 떨어져 나가고, 전신마취로 또 일정 뇌세포가 사체가 되고, 해마다 수면내시경으로 인해 퇴출 된 뇌세포는 또 얼마나 될는지. 그렇다면 아름다운 문장의 소유자인 장영희 교수의 《살아온 기적 살아갈 기적》처럼 나도 그 와중에 일상생활을 하고 기억을 뒤지며 글을 쓰고 있으니 살아온 것이 기적이고 살아갈 것이 기적이다.

친구들과 모임에 그 얘기가 화제가 되었다. 그날 나는 거대한 포클레인 앞에서 수많은 삽질을 했다. 깜빡했던 친구들의 병력, 고관절 수술과 백내장수술에 갑상선암에 위암까지 소환되었다. 의학적으로 입증된 사실도 아닌 것에 휘둘리면 어떻게 살려고 그러냐며 나를 힐책했다.

"니네 옆집 주장대로라면, 우린 아예 머리 쓰는 일 자체를 하지 말아야겠네."

맞는 말이었다. 매사를 긍정적으로 여기는 친구는 오히려 감사하다고 했다. 잠시 현실과 꿀 같은 단절도 맛보고. 그냥 떠날 수도 있는 수술대에서 다시 돌아오고, 또 돌아오고. 그래서 이렇게 즐겁게 떠들고 살 수 있어 얼마나 행복하냐고. 만약 돌아오지 못했더라도 크게 손해 보는 일은 아니라고 했다. 그러면서 현재에 감사하자고 손을 잡았다. 나는 그날 친구의 진면목을 보았다. 씁쓸한 과거를 극복한 친구가 여여하게 현재를 살고 있어 자랑스러웠다.

그런데도 건망증 때문에 여기저기 골 깊은 한숨 소리를 듣는다. 어쩌다가 낄낄대는 소리도 듣는다. 전자는 실망을 끌어오고 후자는 수용을 끌고 온다. 나는 후자에 속한다. 피할 수 없으니 사실을 인정하고 마음을 비운다. 어떤 때는 도저히 떠오르지 않는 사건이나 사물과 씨름하지 않고 쉽게 항복하면 쉽게 벗어난다. 그러니 나만큼 건망증 앞에서 웃는 사람은 드물 것이다. 운다고 개선된다면야 땅에 퍼질러 앉아 펑펑 울겠지만 결국 아무것도 되돌리지 못한다는 사실을 알기에 나는 웃을 뿐이다. 그 많은 것을 기억이란 창고에 죄다 저장한다면 과부하가 걸려 오작동이 되고, 그렇게 되면 더 심각한 상태가 될지 모른다고 자위한다.

불행하게도 언젠가는 그 사실조차 잊는 날이 올 것이다. 치매가 기하급수적으로 늘고 있으니. 마치 은밀하게 안개처럼 닥칠지도 모를 일이다. 훗날 그런 날이 온다 해도 계속 웃고 싶다. 미리 연습하는 것이다. 나는 극심한 건망증을 키우며 웃음도 함께 키우고 있다. 그러면 깜깜한 그날에도 나는 '웃고 있는 피에로'가 될 것이다.

남다른 눈빛으로

지인의 아들이 사시 고시에 합격했다. 1차, 2차 한 번에 일을 냈다. 연수원에 들어가나 싶었더니 내친김에 행정고시까지 준비한다고 했다. 밥을 안 먹고도 살 것 같은 그 엄마는 한마음 선원 도반이었다.

우리 선원은 초파일 제등행렬에 참가한다. 전통연등축제로 제정되어 다양한 행사를 즐기고 하이라이트로 동대문에서 종각까지 연등 행진을 하고 있다. 국내외 많은 분이 관람하고 때로는 대열에 참여하기도 한다. 연초부터 거대한 등부터 고사리손에 들릴 작은 등을 만드느라 각 사찰은 바쁘다. 신심이 바탕이 되니 가능한 일이지 만약 월급을 지불하는 회사라면 인건비를 충당하다 부도가 날 것이다. 장장 수개월에 걸친 수고들이 모여 제등행렬을 하며 그동안의 노고를 보상받는다.

수년째 연등대회에서 대상을 도맡아 하고 있는 우리 선원은 이번에는 크고 긴 용 등이 맨 앞에 서고 바로 뒤에 귀여운 사자 등이 따랐다. 용 등 속에도 수십 명의 청년이 들어가 있지만 사자 안에도 두 명이 들어가 있다. 이번에는 앞다리에는 형이 뒷다리에는 동생, 형제가 들어갔다. 숨이 턱까지 차면 얼굴을 내밀고 쉬는데 그때마다 인도를 따라 걷는 형제의 엄마가 땀을 닦아주고 물병을 건넸다. 바로 앞의 형이 고시에 합격한 청년이다.

　한 달에 한 번씩 모이는 법회에서 뜻밖의 소식을 들었다. 그 청년이 출가한다는 것이다. 그 뜻을 전하는 도반의 얼굴은 아직도 믿기지 않는다는 아쉬움이 담겼다. 출가하겠다 뜻을 밝힌 아들은 엄마를 모시고 한 달 여행을 떠났다. 그 여로에서 엄마는 번복을 원했고 아들은 그런 엄마의 어깨를 감싸 안으며 뜻을 굳혔다. 그는 일찌감치 출가를 결심하고 고시를 준비했던 것이다. 그런 사실을 까마득히 몰랐던 엄마는 그럴 거면 차라리 고시라도 보지 말지 싶었단다. 합격의 기쁨에 이어 연수원 갈 날만 꼽고 있었는데 의외의 결정을 알리니 받아들이기가 힘들다고 했다.

　나는 온몸에 소름이 돋았다. 평소 범상치 않은 청년이라 느꼈지만 막상 스님이 되신다니 가슴이 뻐근했다. 몇몇 도반이 엄마의 심정으로 자기 아들 일처럼 공감했다. 어떻게 운을 떼야 할지 몰라 숨을 가다듬고 말했다.

"형님, 축하합니다."

평소 눈물이 많아 앞장서 울던 모습을 아는 도반들이 의아해했다. 저렇게 냉정한 사람이었나 싶었을 것이다. 그러나 진심으로 축하하고 싶었다. 그분이 최상승 법을 선택한 길에 박수를 보내고 싶었다. 더군다나 우리가 존경하고 따르는 스님이 되시겠다니, 얼마나 부러운 일인가.

"남의 자식이라고 그러는 거 아닙니다."

다음 말을 기다리는 눈빛들에게 말을 이어 나갔다. 부럽다고, 세 딸 중 한 명이라도 그런 선택을 한다면 저는 기꺼이 축복할 거라고. 내 말에 진심이 느껴졌는지 다들 수긍하는 눈치였다. 마음공부가 가장 행복한 공부라고 하면서 내 배로 낳은 자식은 안 된다는 것은 큰 모순이라는 생각이 들었다. 피가 법보다 힘이 센 것일까.

작년에 본 다큐멘터리 영화 〈길 위에서〉가 떠올랐다. 특히 미국 유학까지 마치고 와 안정된 직업을 얻은 딸의 출가를 받아들일 수 없던 엄마의 모습이 오래 남았다. 사찰에 쫓아오고, 은사 스님께 딸을 돌려달라고 매달렸지만 확고하게 출가의 뜻을 굳힌 스님을 되돌릴 수는 없었다. 평행선 같던 모녀의 지향점에 손수건이 흠뻑 젖었다. 어떤 엄마든 자식에 대한 애착이 다 있을 것이다. 불자이기 전에 엄마라는 게 슬펐다.

언젠가 신부 서품식을 받던 모습을 TV에서 본 적이 있다.

평생소원을 풀어 더 이상 바랄 게 없다는 모습으로 그분들 어머니들은 기쁨의 눈물을 흘리고 있었다. 환희의 눈물이었다. 바닥에 엎드린 신부님들과 어머니들의 거룩한 모습에 충격을 받았다. 개신교나 천주교 신자가 꼬박 십일조를 내는 것 이상으로 자괴감이 느껴졌다.

우리 선원에는 백여 명 정도 스님들이 계신다. 앞에서 언급한 스님처럼 청년회에서 활발하게 봉사하다 출가하는 스님이 많으시다. 대부분 출가하실 때 속가 부모님은 큰 뜻을 앞세우는 자식 앞에 의연하게 대처하신 분이 많다. 차원이 다른 선택에 기꺼이 합장하는 남다른 눈빛의 어머니를 존경한다. 아들과 딸을 출가시키고 같은 선원에서 모범적으로 신행활동을 하고 계신다. 그런 부모님들을 보면 더욱 공부에 매진하게 된다. 나도 장엄하게 받아들일 준비가 돼 있는데도 그런 복이 이생에는 없는 것 같다.

수행자가 되면 위아래로 십 대를 구원한다니, 상근기를 타고나야 한다. 큰 원력에서 큰 그릇이 나는 법, 훗날 다시 사람 몸을 받게 되면 자식의 출가를 바랄 게 아니라 내가 스님이 되고 싶다. 법정 스님 같은 수행자가 되어 글 쓰는 일로 중생을 구제하고, 맑고 향기롭게 세상을 밝히는 일에 헌신하고 싶다. 현재를 바르게 살고 공덕을 지으면 언젠가 한 번쯤은 그런 굵은 발걸음으로 오지 않을까.

요즘 그 형님의 얼굴이 연꽃이다. 속가와는 연을 끊어 일체 아드님 소식을 모르지만 스님의 어머니답게 차원이 달라지셨다. 부디 그 스님께서 우리 모두의 원력대로 큰스님이 되시길 간절히 발원한다.

초대하지 않은 손님

 긴가민가했다. 회색빛 겨울이 지나면 핑크빛 봄이 올 줄 알았는데. 먹빛 무뢰한이 쳐들어올 줄은 상상조차 못했다. 변종 바이러스가 중국 우한에서 발생했다니 그저 남의 집 불구경하듯 뒷짐을 지었으니까. 그러나 뒷짐 진 손을 풀 사이도 없이 코로나가 코리아로 들이닥쳤다. 순식간에, 강풍을 등에 업은 맹렬한 산불이었다.

 전염력이 사스보다 1.6배 강하다 했지만 들은 정보보다 더 무지막지했다. 이미 사스나 메르스로 충분하게 곤욕을 치렀기에 어느 정도 정부에서 대비책을 준비했을 거란 기대는 여지없이 무너졌다. 우리는 삽시간 마스크에 갇혔고, 두려움에 갇혔고, 그리고 각자도생을 위해 개인에 갇혔다.

 점점 문 닫는 곳이 늘어갔다. 아파트 노인정과 커뮤니티 센터가 문을 닫았고 극장이, 도서관이, 음식점이 휴업에 들어갔고 학원, 어린이집, 학교가 휴교하고 급기야 교회와 성당, 사찰이 문을 닫았다. 재택근무로 직장을 텅 비우고 문을 잠근 채 집에 들어앉으니 서로의 관계도 굳게 닫혔다.

누군가의 말대로 일상이 기적이었다. 무심코 디뎠던 흙과 무심코 스쳤던 바람과 무심코 숨 쉬었던 공기가 얼마나 소중한지. 사회적 동물이 사회를 빼앗기니 여기저기 우울감이 동굴을 팠다. 느닷없이 휴가처럼 주어진 시간적 여유는 창살 없는 감옥이었다. 만만하게 책이나 TV나 요가나 명상 혹은 국민체조로 채우려 했지만 이미 구멍 난 불안감을 메우지는 못했다.

그래도 견뎌내야 한다고 생각한 것은 대구 사람들 때문이었다. 신천지 교회로부터 비롯되어 곤경에 빠진 그곳으로 의료진과 119와 구호 물품과 후원금을 비롯 전 국민의 마음이 달려갔다. 그들을 보며 불평을 삼켰고 불만을 접었다. 괴물 같은 코로나를 피하는 방법이 마스크 착용과 손 씻기라니 첨단 21세기에 아날로그식 예방은 말 그대로 블랙코미디였다.

점점 상황이 심각해졌다. 빌 게이츠의 말대로 코로나는 여권도 없이 전 세계를 종횡무진했다. 유럽을 공포로 뒤덮더니 급기야 미국에 치명적 쇼크를 불러왔다. 수많은 시신을 비닐로 둘둘 말아 냉동차에 싣는 것을 보고 워싱턴에서 버티던 늦둥이를 귀국시켰다. 지인의 아이들도 속속 들어왔다. 이탈리아에서 스페인에서 영국에서. 우리 정부가 마련해 준 국적

기를 타고 들어왔다. 일선의 공무원들이 공항까지 나와 최선을 다하는 모습을 보고 대한민국 국민인 것에 눈물이 나더라고 했다.

IT 강국다웠다. 앱을 깔아놓고 자가 격리자들의 동선을 관리했다. 아이는 아침마다 체온을 조사한 뒤 보고 하면서 집 밖은 물론 방문 밖도 거의 나오지 않았다. 왕복 2시간 거리의 보건소도 시키는 대로 마스크, 장갑을 끼고 혼자 걸어가 검사를 받고 왔다. 매 끼니 정해진 그릇에 담아 방에서 혼자 먹었고 설거지도 마스크를 낀 채 전용 장갑을 끼고 하고 마지막엔 끓는 물에 삶았다. 다행히 사흘 뒤 결과가 음성으로 나와 압박감은 덜었지만 아이는 그런데도 철저하게 규정을 지켰다. 함께, 또 따로 인 생활에 피로감이 쌓일 줄 알았는데 예상치 않게 도타운 질서가 생겨났다.

다시 기본으로 돌아갔다. 가화만사성을 인정하게 되었다. 자기도 모르는 사이 보균자가 되어 누군가를 전염시킬 거라는 불안 없이 대면할 수 있는, 단조롭고 서걱거리는 시간을 함께 버틸 수 있는, 위기를 따뜻하게 감싸줄 수 있는 가족애를 보게 되었다. 가끔 집집이 한숨 소리가 창문을 들락거렸지만, 어느 때보다 오래 함께 밥을 먹는 '식구'가 되니 소홀했던 지난날과 화해하며 서로에게 물들어 갔다. 그렇게 밖으로만 돌던 마음을 안을 향하게 한 것은 나름 큰 수확이었다.

'사회적 거리두기'가 오래 계속되었다. 마스크 속의 말들은 절제되면서 꼭 소통에 필요한 말들로 추려졌다. 모든 말은 무겁게, 모든 발걸음은 무섭게, 모든 시간은 무디게 절제해야 했다. 객관적으로 볼 수 있는 시야가 확보되자 사람들은 성숙해졌다. 어떤 이는 자기 내면의 철학을 발견하기도 해 물리적이나 심리적 거리는 상실이라 해도 작은 소득이 있긴 했다. 그런 관점에서 보면 우리는 다시 시작인 셈이다.

봄을 빼앗긴 줄 알았다. 그러나 길가의 흐드러진 벚꽃의 당당한 아우성이 들렸다. 눈이 시리도록 찬란하게 꽃무리를 펼치고는 바람을 불러들여 꽃비를 이루고는 급기야 흩날리는 벚꽃으로 카펫까지 만들었다. 그것도 모자라 마치 '세상사 다 그런 거.'라며 온갖 초록, 연두와 에야디야 흥겨운 응원가를 불러주었다. 개나리도 목단도 이팝나무도 보란 듯이 만개했다. 봄을 빼앗긴 것이 아니었다.

미래는 예측할 수 없다는 짐 데이터 교수의 말대로 어쩌면 예측할 수 없는 미래이기에 모든 게 가능할 것인지도 모른다. 지한파인 그가 "한국은 현재 그 어느 때보다 전 세계적으로 주목을 받고 있으며, 세계 많은 국가가 다양한 영역에서 한국을 롤모델로 지켜보고 있다. 지금의 흔치 않은 기회를 놓치지 말라."고 한 충고처럼 세계가 우리를 주목하게 하고 그 중심으로 우뚝 솟는다면 그동안의 노력과 희생이 만 가지의 꽃으로 피어날 것이다.

4월 15일, 투표하러 가는 걸음에 봄볕이 스며들었다. 길게 줄 서서 한 표를 행사하려는 사람들의 결연한 의지가 큰 도로를 건너 천변의 나무들에 닿는다. 그것이 강한 에너지를 전달해 조만간 짙푸르게 도약하게 할 것이다.

초대하지 않은 손님, 불청객이 떠나고 있다. 해마다 초대에 응해 아파트 현관에 도착한 눈부신 오월을 마중 나간다. 그 앞에선 불안, 공포, 좌절 따위 부정적 그림자가 형체 없이 사라질 것이다. 희망이 툭툭 먼지를 턴다. 저만치서 감염되지 않은 행복이 양팔을 흔들며 겅중겅중 뛰어오고 있다.

(2020년 《월간통일》 5월호)

목소리에도 표정이 있다

친구 A의 엄마는 독특한 목소리를 가지셨다. 허스키도 아니고 그렇다고 쇳소리도 아닌 그 중간쯤에 속하는 톤이었다. 무척 지적인 분이셨는데 조심조심 말씀하셔도 목소리는 논바닥처럼 갈라졌다. 그러니까 옛날 어른들께서 팔자타령 운운하기에 걸맞은 그런 목소리였다.

그분은 그것을 증명이라도 하듯 굴곡진 삶을 사셨다. 젊은 장교와 결혼한 지 얼마 안 되어 사별하고 딸 하나를 데리고 재가했다. 상대는 집안일을 보는 집사였고 다시 삼 남매가 태어났다. 그 둘째가 내 친구였고 위로는 오빠와 아래는 여동생을 두었다. 오빠는 사춘기부터 원인 모를 정신병을 앓았고 고등학교 2학년 때 집을 나가 생사를 알 수 없게 되었다. 모든 걸 전폐하고 아들 찾기에 매달렸으나 결국 그 엄마는 자식을 가슴에 묻은 채 당신도 말년에 정신을 놓아버렸다.

친구는 그 몫을 다 짊어지고 엄마 뒷바라지를 했다. 문학, 미술, 패션에 일가견이 있는 친구였는데 결국 결혼도 일도 다 포기해야 했다. 친구의 목소리도 자기 엄마를 닮아갔다.

B라는 친구 남편은 마른 체격에 비해 굵은 톤의 목소리를 가졌다. 듣는 사람마다 성우 같다느니 DJ 같다고 입을 모았다. 아주 인상에 남는 목소리였다. 그러나 그는 몇 년을 공부에 매달렸는데도 번번이 승진시험에 탈락했다. 그러니 공무원 생활을 연장할 수 없었다. 할 수 없이 퇴직하고 교통과 관련된 버스회사에 취직했다. 지분을 가지고 들어갔는데 행운이 찾아왔다. 얼마 지나지 않아 사장이 이민 가는 바람에 사장 자리에 물려받게 된 것이다. 몇십 년을 걸쳐 상환하는 조건으로 큰 버스회사 사장님이 되어 성공가도를 달렸다. 그 남편이 그렇게 성공한 것을 보고 나도 음성학을 어느 정도 신뢰하게 되었다.

〈보이스 코리아voice Korea〉라는 방송프로가 있다. 다른 유사한 프로와는 달리 심사위원이 뒤돌아 있다가 참가자의 노래를 듣고 목소리에 호감이 가면 의자를 돌리며 버튼을 눌러 선택하는 방식이다. 대부분 감동의 정점에서 의자를 돌리는데 그때 참가자들은 자기 목소리에 모든 혼을 실어야 한다. 외모가 개입되지 않은 목소리 그 자체로 평가를 하는 게 소리에 진정인 것 같아 신선했다.

그렇게 목소리에도 표정이 있다. 나도 소리에서 표정을 본다. 아니 좀 더 정확히 말하자면 목소리로 그 사람의 감정을 읽는 것이다. 비록 일면식 없는 사람이라도 전화선을 타고 통화하면 그 사람이 어떤 사람인가 대충 알 수 있다. 소리가 가늘어도 깊이가 있는 사람이 있는가 하면 굵직한 소리임에도 가볍게 느껴지는 사람이 있다. 영업 사원처럼 뭔가를 떠넘기려는 상술에 젖은 소리가 있는가 하면 비록 그러더라도 들어주고 싶은 진솔한 소리가 있다. 말을 많이 해도 지루하지 않은 목소리가 있는가 하면 적게 말해도 내내 지루하게 느껴지는 소리가 있다.

목소리가 건조한 사람은 깍쟁이가 틀림없다. 반면 푸근한 사람은 법 없이 살 것 같은 선량함이 들어 있다. 도회적인 목소리엔 인색함이 들어 있고, 시골스러운 목소리엔 인간미가 들어 있다. 갱년기가 심한 목소리는 바싹 마른 나뭇잎을 밟는 듯하고, 우울증을 앓는 목소리엔 잿빛 구름이 들어 있다. 감기나 몸살 중일 때는 목소리에서 오한이 느껴지고 암이나 중병에 걸린 목소리는 '왜 하필이면 나야?' 하는 질긴 원망이 들어 있다. 90을 바라보는 노객의 목소리엔 깊고 푸른 바다가, 막 20을 넘긴 청년의 것엔 토끼가 마신 초록 샘물이 들어 있다.

사랑에 빠진 목소리는 꽃분홍 진달래고, 실연을 한 소리는 검게 말라버린 장미다. 합격이라고 소리치는 아이의 목소리는 오월 초 햇살이고, 반대로 망쳤다고 울먹이는 소리는 소나기 내리기 전 먹빛 하늘이다. 감사를 전하는 목소리는 여의도의 만개한 벚꽃이고, 부동산 분양을 강요하는 소리엔 알록달록한 조화가 들어있다. 114 안내원의 목소리엔 상큼한 솔바람이 가득 차 있지만 보이스 피싱 소리에는 비정한 낚싯바늘이 숨겨져 있다. 오랜만에 듣는 친구 목소리는 푹신한 쿠션이고, 어제 통화한 이웃의 것은 늘 구수한 누룽지이다.

청력이 예민한 사람은 목소리만으로 알 수 있다. 게다가 연륜까지 더하면 대부분 말씨나 말투와 톤으로 그 사람의 성품을 대강 알아차리게 된다. 공간적인 거리만 확보되면 표정은 감출 수 있지만 목소리만큼은 그럴 수가 없다. 말은 괜찮다고 해도 목소리에는 속마음이 그대로 묻어나니 목소리의 표정 관리가 중요하다. 그래서 요즘은 '포커페이스'보다 '포커보이스'가 필요하지 않을까 싶다.

예외 없이 목소리도 나이를 먹는다. 들끓던 열정들이 가라앉으면 목소리가 편평해진다. 자연스럽게 구연동화에 어울리는 소리로 변한다. 자칫 방치하면 낡아져 버석거릴 수 있으니 푸근하게 다듬어야 할 것이다. 세상을 관조할 수 있는 느긋함이 목소리에 스며들어 언제나 듣고 싶은 따뜻한 소리가 되었으면 좋겠다. 무슨 일에든 힘을 빼야 고수가 되는데 노력을 안 해도 절로 힘이 빠지니, 그래서 나이 먹는 것이 다 나쁜 것은 아니지 않을까.

개인적으로 나는 정직한 목소리와 소신 있는 목소리를 좋아한다. 인간미 넘치는 목소리도 좋아한다. 그러나 어떤 상황에도 불구하고 내 편이 되어주고, 감싸 주는 따뜻한 소리가 최고다. 그래서 손가락이 누르는 번호 뒤에는 항상 그런 목소리가 기다리고 있다. 나 역시 언제나 누군가에게 같은 편이 되고, 힘이 되고, 위로가 되는 목소리의 주인이 되고 싶다.

사건의 지평선을 넘어

  한 칠팔 년 전의 일이다, 한창 글을 쓰는데 재미가 붙었을 때였다. 수업을 마치면 문우들끼리 합평을 했다. 순서대로 카페에 작품을 올리면 성의 있게 공부해 서로에게 도움을 주자고 마련한 자리였다. 한 남성 수필가가 유난히 다른 문우들에게 상처를 줬다. 주제가 없다느니 비약이 심하다느니 도대체 무슨 의도로 그런 글을 쓰냐는 둥. 그럴 때마다 나는 흑기사로 나섰다. 그의 시각이 옳지도 않았지만 같은 말도 기분 나쁘게 하는 스타일이라 연약한 문우들이 상처받는 것을 막아야 했다. 나도 예외가 아니다. 말투는 부드럽게 포장했어도 내용은 모욕적이었다.
  "왜 그리 젊게 쓰려고 안간힘을 쓰시나요?"
  "안간힘이라니요?"
  워낙 문체가 그렇다고 말을 해도 자기 눈에 그렇게 보이면 독자도 그렇게 볼 거라며 물러서지 않았다. 어처구니가 없었지만 넘어갔다. 본인도 심했다 싶었는지 쉬는 시간에 복도로 부르더니 미안하다고 했다. 그 사과는 떫었다. 도저히 먹을 수가 없었다. 그의 표현대로 '안간힘'을 썼지만, 삼킬 수가 없었다, 그날로 품을 넓히려고 했던 오지랖을 거두었다. 겉으로는 내색 안 했지만 내심 그와의 관계를 정리했다.

지금 핸드폰에서 나오는 음악은 윤하의 '사건의 지평선'이다. 얼마 전에 접한 곡이다. 보통 내 친구들은 우아한 발라드나 차진 트로트를 좋아하는데 나는 그것들은 물론 랩이나 신세대 음악까지 고루 애정한다. 주로 운전 중에 집중해서 음악을 듣는데 손가락을 튕기고 어깨를 들썩이고 엉덩이를 씰룩대고 그것도 모자라면 손바닥을 동원해 전용 드럼인 핸들을 신나게 두들긴다.

TV 프로도 나는 〈스우파(스트릿 우먼 파이터)〉를 좋아한다. 내 또래 중 열이면 열이 다 모르고 어쩌다 아는 친구도 그냥 채널을 돌리다 한번 본 것이 유일했다. 왜 관심이 없는 것일까. 왜 그런 것에 관심이 있는 것일까. 친구들은 나를, 나는 친구들을 이해하지 못했다. 댄서들의 역동적인 그루브를 보면 살아 있다는 것을 느끼게 된다. 그들의 열정과 음악에 맞춰 추는 동작들이 어찌나 섬세하고 어찌나 섹시한지. 어떤 날은 흥이 넘쳐 소파에 앉지 못하고 신나게 실내 자전거의 페달을 돌린 적도 있다.

프로가 끝나고도 여운이 남으면 나는 자판으로 달려간다. 거기에서 못다 한 춤을 춘다. 몸은 못 따라 해도 자판 위의 손가락은 빠르다 못해 현란하기까지 하다. 교양과목으로 한타와 영타를 배운 게 이렇게 큰 자산이 될지 몰랐다. 독수리 타법으로 글을 쓴다는 작가를 보며 어떻게 생각을 따라잡나 걱정했지만 불행하게도 타자의 속도와 필력은 비례하지 않았다. 그러나 작품의 완성도를 떠나 떠오르는 생각을 치며 내달리는 기분은 짜릿하다. 기자들이 인터뷰하면서 쳐대는 자판 소리에 흥분하는 이유이기도 하다. 오케스트라와 협연하다 손을 위로 들어 올리는 피아니스트처럼 자판 위에서 한 손을 들어 올리면 자판이 피아노가 된다. 본인 파트에 쉬는 연주자처럼 생각이 답보 상태일 때는 중지와 엄지로 리듬을 튕기며 재즈 뮤지션이 되기도 한다. 그러다 몰아치는 날것의 상념들을 후다다다닥! 칠 때, 진한 카타르시스를 느낀다. 그리고 보니 나는 속도 내는 것을 특히 잘하는 것 같다. 별명이 한때 '원 추진'이었던 것도 다 근거가 있었다.

다시 '안간힘'으로 돌아간다. 만능 네이버로 검색해 보았다. '어떤 일을 이루기 위해서 몹시 애쓰는 힘,' 더 재미난 것은 두 번째 설명이었다. '고통이나 울화 따위를 참으려고 숨 쉬는 것도 참으면서 애쓰는 힘.' 그것을 읽으며 우리가 단어 사용에 얼마나 무성의한가를 반성하게 되었다. 그분은 그저 애쓴다는 정도를 꺼내야 했다.

철이 없다는 것과 젊다는 것을 동격으로 볼 수 있을까. 적어도 나에게는 그랬다. 단순한 성격이다 보니 고민을 길게 끄는 것은 체질에 안 맞았다. 시행착오를 하더라도 돌아가면 되고, 아니면 되게 하면 되는 거니까. 자주 들먹여 식상한 얘기지만 42살의 출산은 내게 시사하는 바가 컸다. 인생의 전환점이 된 그것에 대한 전폭적 수용이 내가 남보다 나이를 잊고 산다는 증거였다. 그런데 '안간힘'까지 끌고 온 것은 너무 한 거 아닌가.

청개구리 같은 기질로 정상보다는 비정상에, 순리보다는 역순에 늘 시선이 갔다. 요즘은 리메이크, 리모델링, 리바이벌, 리뉴얼 같은 행동에 시선을 뺏기고 있다. 역주행도 그런 차원으로 볼 수 있다. 그래서 몇 달 전부터 〈사건의 지평선〉을 계속 듣고 있다. '아낌없이 반짝이는 시간'을 지나고 있는 것 같아 힘이 된다. 가수가 작곡하고 직접 본인이 하고 싶은 말들로 작사한 매력적인 곡이다.

> 생각이 많은 건 말이야 당연히 해야 할 일이야
> 나에겐 지금이 1순위야 안전한 유리병을 핑계로
> 바람을 가두어 둔 것 같지만(…)
> 한동안 꺼내 볼 수 있을 거야 아낌없이 반짝인 시간은(…)
> 그래도 이제는 사건의 지평선 너머로 사건의 지평선 너머로.

한 가수의 노랫말로 위로를 받아 과거의 '안간힘'은 사건의 지평선 너머로 던져 버렸다. 그 정도로 비중 있게 받아들일 일은 아니었다. 그저 그렇게 생각할 수도 있겠구나 하고 넘겨도 될 일이었지만 모두에게 습관적으로 하는 비난은 막고 싶었다. 어쨌건 그분은 떠날 사람이었는지 다른 일로 급히 우리에게서 떠나갔다.

아무리 속도를 즐긴다 해도 급해서 좋을 일 없어 세월에게는 양보한다. 아끼는 음악을 들으며 굽이굽이 산길을 따라 강을 끼고 돌고, 다리를 만나면 가로질러 건너고, 다시 고개를 오르막 내리막 하다 넓은 초록 평야 같은 현재를 만나 천천히 달린다. 유유자적하게 창밖을 음미하고 살면 될 것이다. 사건의 지평선, 그 너머가 될 '아낌없이 반짝이는' 오늘이니까.

5. 사람, 그 속으로

아버지의 길
센터가 아니라 사이드
어느 별에서 오셨나요
누명을 벗다
양量을 키우는 여자
안녕하세요~
원 여사의 도전
당신은 내가 불러야 할 노래
사람, 그 속으로

아버지의 길

 LA에서 사시는 아버지가 사라졌다. 소변을 보시다 과다 출혈로 911에 실려 응급실로 가신 아버지가 사라졌다. '원·현·준' 석 자 사인을 남기시고 새벽 4시, 천사의 도시 로스앤젤레스로 사라졌다.
 나는 제주도에 있었다. 싱가포르에서 온 둘째가 횡재 같은 격리 면제를 얻어 급조한 여행이었다. 아빠가 부정적인 말을 안 하고 엄마가 아빠 말을 끝까지 들어주면 현금으로 백만 원을 지급하겠다는 상금까지 걸린 3박 4일. 우리는 돈을 핑계로 이참에 노력이란 것을 했다. '에이~'에서 멈추고 '그게 아니라~'에서 입을 틀어막으니 웃음이 딸려 왔다. 그렇게 자주 웃다 보니 백만 원이 바로 코앞이었다. 그런 흥겨운 여행의 끝자락에 무거운 카톡 한 줄이 도착했다.
 '아버지 과다 출혈, 911 불러 응급실행.'

만취한 남동생의 한 문장에 멘붕이 왔다. 당신이 만년 청춘이라며 농담도 잘하시던 아버지시라 순간 머리가 하얘졌다. 코로나 팬데믹으로 여기나 거기나 보호자 출입이 제한될 텐데. 영어가 난무하는 응급실에서 홀로 얼마나 두려우실까. 작년 이맘때 LA에서 이모부가 돌아가셨다. 독감으로 일주일 입원하시고 퇴원 날, 느닷없는 코로나로 운명을 달리하신 기억이 떠올라 마음이 불안했다.

시간차가 있어 기다렸다 여동생에게 일찍 병원에 가서 뵙는지, 아버지가 응급실에서 밤새 무탈하신지 궁금해 전화를 했다. 동생이 덜덜 떨고 있었다.

"언니, 아버지가 없어지셨어."

설상가상이었다. 밤새 아버지가 걱정돼 오전 8시도 안 돼 갔더니 새벽에 당신이 사인하고 나가셨다는 것이다. 4시간이나 지났으니 그 시간이면 집까지 걸어오시고도 남는 거리인데. 큰일이 났다. 아니 난리가 났다. 서울이라 해도 까마득한데 2배나 넓은 땅덩이에서 어쩐단 말인가. 머리가 통째로 폭격을 맞은 것 같았다.

자꾸 불길한 생각이 들러붙었다. 어금니를 꽉 물고 마인드 컨트롤을 했다. 제발 돌아오시게 해. 아냐 돌아오셔야만 해, 그렇지 반드시 돌아오실 거야. 감히 누구 아버지신데, 절대 아무 일도 없을 거야, 아무 일도 없어야 해. 모두 울면 죽는다. 눈물 한 방울도 안 돼. 비극을 끌어당기지 마. 제발 돌아오실 거라 확신하도록 해, 제발. 그렇게 하는데도 자꾸 손발이 오그라들었다.

그건 신경숙의 소설에서나 있을 법한 일이었다. 서울역에서 사라진 엄마에 대한 작가의 묘사처럼 우리도 아버지가 사라지고 난 후 당신의 존재가 얼마나 대단한지를 알게 되었다. 저울로 잴 수 없는 무게였다. 더구나 이역만리라 이곳에서는 할 수 있는 게 하나도 없다는 게 더 비통했다.

그사이 시간은 8시간, 9시간, 10시간으로 치달렸다. 경찰에 실종신고도 하고 네 대의 차로 병원서부터 시작해서 집까지의 모든 도로와 인근 한인타운을 깡그리 뒤져도 찾지 못했다. 피가 말랐다. 하나님, 부처님! 무릎 꿇고 엎드린 간절한 기도가 태평양을 건넜지만, 소용이 없었다. 그래도 할 수 있는 거란 기도뿐이었다. 돌아오시게만 하면 뭐든지 다 하겠다고. 우리 아버지를, 우리 장인어른을, 우리 할아버지를 찾게 해 주시면 남은 생은 기도만 하고 살겠다고. 열심히 교회 가서, 절에 가서 봉사하고 살겠다고. 그것도 부족한 것 같아서 나는 죽을죄를 지었다고 빌었다, 밑도 끝도 없이 회개와 참회를 했다.

'무심히 저지른 죄가 있다면 부디 용서하시고 우리 아버지를 돌려주세요. 전생에 지은 것 때문이라면 어쨌든 죽을죄를 지었습니다. 제발 아버지만은 건드리지 마세요. 지금 생에서라도 다신 안 그럴 테니 한 번만, 딱 한 번만 정말 이번 한

번만 도와주시면 참 신앙인으로 살겠습니다. 제발 우리 아버지를 돌아오게 해 주세요.'

아버지가 이대로 실종된다면 우리는 살아도 산 게 아니고 죽어도 죽은 게 아니다. 가족 모두 생지옥에서 살게 될 것이니 천형도 이런 천형이 없다는 생각이 들었다. 당장 LA로 간다고 해도 못 찾는 아버지를 어쩔 것인가. 미칠 것 같았다. 전봇대에 숱하게 붙은 '사람을 찾습니다'는 문구, 이제야 그들의 절규가 들렸다. 아, 아버지!

14시간이 지나고 우리 쪽 해는 높아지는데 저쪽 해는 넘어가 어둑해지고 있었다. 얼마나 입술을 깨물었는지 비릿했다. 아버지를 향해 끊임없이 텔레파시를 보냈다. '아버지, 힘내세요. 어느 곳을 헤매던 주저앉지만 마세요.' 단전까지 숨을 깊게 들이마시며 '반드시 돌아오신다'만 되풀이했다. 제주도의 마지막 숙소를 나와 기계적으로 남편은 운전하고 나는 뒷좌석으로 가라앉았다. 한숨조차도 사치였다. 얼마나 흘렀을까. 경황이 없을 LA 동생에게 다시 전화했다. 그때 동생이 울면서 소리쳤다.

"언니, 아버지 찾았어. 지금 모시러 가는 중이야."

기적이었다. 홍해가 갈라지고 장님이 눈을 뜨고 앉은뱅이가 일어난 기적보다 더한 기적이었다. 서울 동생에게 알렸다. '아버지를 찾았대.' 꺼이꺼이, 복받치는 감정을 참을 수가 없었다. 아이 둘과 나의 억눌렀던 통곡이 차 안에 가득 찼다.

운전대를 잡은 남편도 시야가 흐려져 길가에 차를 세워야만 했다. 꾹꾹 눌렀던 두렵고 끔직한 생각들의 물꼬가 터졌다. LA에서, 뉴욕에서, 필라델피아에서, 안양에서, 서울에서, 제주에서 홍수 같은 눈물이 터졌고 그 눈물을 타고 한 집안이 일어나고 있었다.

아버지는 방향을 잘못 잡으신 줄 모르고 집과 반대 방향으로 걸으셨다. 아버지는 평생을 그러셨듯이 아버지가 선택한 길로 직진하셨다. 자신이 곧 부처요, 예수라시며. 끼니도 거른 채 파자마에 조끼 하나 걸친 행색으로 열다섯 시간 동안 아버지는 그 거리에서 무엇을 생각하셨을까. 반드시 집이 나타날 거라는 신념을 붙잡고 한없이 걸음을 옮기셨을 것이다. 누구의 도움도 받지 않고 찾아갈 수 있다 자신했던 길은 그렇게 호락호락하지 않았다. 아버지의 인생이 그런 것처럼. 그래서 한국에서 갈지자로 걷던 아버지가 미국을 선택하고 비로소 곧은길로 걸었던 것처럼 당신의 선택을 의심하지 않았을 것이다. 절대로 길이 나를 저버리지 않을 거라는 신념이 그 긴 시간을 걷게 한 것이다.

공장지대에 접어든 것을 본 멕시칸 가족이 아버지한테 말을 걸었고, 가도 가도 집이 나타나지 않자 고집을 꺾은 아버지가 도움을 청했다. '너희 아버지 잃어버렸냐?'는 전화 한 통화가 결국은 끊어질 뻔했던 아버지의 길을 다시 이어주었다.

9학년 3반 원현준 씨는 그렇게 돌아오셨다. 얼마나 버거웠는지 목소리가 안 나오셨다고 했다. 그래도 양반 자손이신 아버지는 근엄하게 대감마님처럼 말씀하셨다.

'병원에서 나가라 해서 나왔다.'

당신의 실종사건을 더 이상 거론하지 말라는 이유를 알 것 같았다.

"어쨌든 니들이 고생 많았다."

내가 가장 존경하는 아버지답게 토네이도 같았던 사건의 끝을 그렇게 한 문장으로 정리하셨다.

그때가 LA 시간 2022년 1월 1일, 하루 빠른 우리는 1월 2일이었다. 이제 우리는 약속을 지킬 일만 남았다.

센터가 아니라 사이드

 커피숍에 들어가면 우선 구석 자리부터 살핀다. 비어있으면 속으로 환호하며 발걸음이 바빠진다. 그러나 대부분은 누군가 차지하고 있다. 그럴 때는 빈 테이블에 앉아 그쪽을 탐색, 이사 갈 준비를 갖추고 레이저빔을 쏘며 기다린다.
 레스토랑에서는 더 심하다. 코너, 사이드가 주는 은밀함이 좋아 딱 음흉하다고 오해받기 좋은 자리를 선호한다. 유별나게 나는 으슥한 자리를 집착한다. 일단 코너나 가장자리에 앉으면 친밀감이 극대화되고 수다의 밀도도 높아진다. 음식을 먹을 경우에도 조명이 되바라지지 않아 뭔가 더 대접받는 느낌이 든다. 일종의 편집증 수준이라 해도 할 말이 없다.
 나이트클럽도 그랬다. 센터를 좋아하는 친구들과 떨어져 나는 코너에 자리를 잡아야 맘껏 흔들 수 있었다. 기둥이 있으면 무아지경으로 빠져드는 조건이 되어 더 신이 났다. 그런 나를 친구들은 댄스 퀸이라며 가운데로 끌어냈지만 나는 내 자리로 돌아왔고, 편한 그 자리에서 미친 듯 춤에 빠져들곤 했다.

그런데 관계에서는 그러지 못했다. 외향적이다 보니 사람들이 나를 앞자리에 세우는 것을 좋아한다. 빤한 상황에 야멸차지 못한 성격도 한몫했다. 그러나 얼마 전 관객몰이에 성공했던 영화 〈킹메이커〉의 이선균처럼 나는 딱 참모 체질이다. 아무리 내가 중심이나 앞자리를 돋보이도록 하는 게 적성에 맞는다고 외쳐도 들어주거나 믿어주지 않았다. 심지어 총대와 부담과 짐 보따리라고 외면하는 분위기에 떠밀려 어쩔 수 없었다는 사실을 이해하려 하지 않았다. 그렇게 도리 없이 떠맡아도 열심히 하는 게 체질이라 그런 면이 오해를 키웠다.

아이들을 키우면서도 그랬다. 여느 엄마처럼 아이들한테 최선을 다해 도왔다. 어떤 때는 기발한 아이디어에 스스로 감탄하기도 한다. 누구에게도 발각되지 않은, 나조차 모르던 잠재 능력이었다. 초창기 분당은 강남에서 대거 이동했다. 큰애 초등학교 6학년 때 전교 회장 선거에 거대 치맛바람이 불었다. 홍보회사까지 나서니 국회의원 선거와 버금갔다. 그런 상황에 큰딸이 출사표를 던지고 싶어 했다. 내가 단호하게 말렸지만 학교에서 전화를 건 큰애의 항변에 백기를 들었다.

"엄마, 내가 딸이라서 그래? 아들이라도 말릴 거야?"

후보 등록 마지막 날이었다. 늦은 출마로 참모인 내가 바빠졌다. 촉박한 날짜에 포스터를 만들고 원고를 쓰고, 그것을 외우게 하려고 밤늦도록 차로 아파트 공터를 돌았다. 내 전투력이 상대가 강할수록 상승한다는 것을 그때 알았다. 결국 가능성이 없던 아이가 엄마표 참모 덕분에, 그것도 압도적 표 차이로 당선되었다. 의외라고 놀란 교장 선생님이 다음 날 나에게 학부모회장을 부탁했다.

'교장 선생님, 저는 그렇게 앞에 서는 것은 못합니다.'

솔직한 심정이 전달됐는지 고맙게도 뜻을 철회하셨다.

늦둥이 얘기를 빼놓을 수가 없다. 서초중학교에 다닐 때였다. 어느 날, 학부모 모임으로 안면이 있던 교장 선생님이 차 한잔하자고 청했다.

"어머니, 엄마들을 모아놓고 어떻게 애를 키우셨는지 비법을 알려주시면 젊은 학부모에게 큰 도움이 될 것입니다."

뜻밖의 제의에 크게 당황했다.

"에구, 무슨 말씀이세요. 앞에 설 정도로 무슨 노하우가 있는 게 아닙니다."

무슨 일이든 호의적이었던 태도와 달리 정색을 하니 단번에 알아들으셨다. 당시 운이 좋아 인정을 받게 된 아이라 굳이 노하우를 말하자면 무조건 믿어주고 들어주고 지켜봐 주고 아이 편이 되어준 것밖에는 딱히 내세울 교육관 같은 것도 없었다.

속사정이 이런데도 몇몇은 나를 오해하고 있다. 사람은 누구나 보고 싶은 부분만 보니까, 일일이 붙잡고 해명하기도 구차하다. 보다 심각한 이유는 나한테 있었다. 아니라고, 못한다고 해놓고 책임을 맡으면 마치 그것을 원하기라도 한 것처럼 전속력을 낸다는 사실이다. 고사를 거듭하다 수필잡지 주간을 맡았을 때도 그랬다. 주위에서 적당히 하라고 말려도 소용이 없었다. 지나칠 정도로 과몰입했다. 그래야만 재미를 느끼고 성취감을 얻을 수 있기 때문이었다. 약속한 3년이 되자 비대해진 책임감을 감당할 수가 없었다. 멈추면 보인다지만 나는 보이기에 멈추어 섰다.

이제는 세월이 내 편이다. 굳이 두리번거리지 않아도, 미리 백을 던져 차지하지 않더라도 구석지고 후미진 가장자리가 내 몫이 되었다. 그런데 오호 통재라. 나는 또 본의 아니게 바깥에서 잘 보이는 자리에 앉게 되었다. 책임감이 다시 고개를 들었다. 30년 지기 미장원 원장 목소리가 높아졌다.

"무슨 신경 쓰는 일 있으세요. 원형 탈모가 제법 크게 생겼어요."

그것이 내가 코너 쪽 인간이라는 것을 증명해 주는 것 같아 반가웠다. 다음 날, 머리를 들추고 확인해 보니 제법 큰 동그라미가 맨질맨질 웃고 있었다.

'에이, 무슨 상관이야. 더 커지면 가발이라도 쓰면 되지.'

너스레를 떨며 대범한 척해도 속은 씁쓸했다. 제발 지나친 책임감은 꽁꽁 묶어 이민 짐 가방에 넣어 보내고 싶다. 아니면 시퍼런 그것을 큰 고무통에 넣고 물로 희석해 볕 좋은 곳에 널어 바짝 말렸으면 좋겠다.

어떤 방법이든 중압감을 덜어내고 싶다. 그래야 그것을 구속으로 여기지 않고 자유로워질 수 있을 테니. 궁리 끝에 상투적인 결론에 이른다. '피하지 못하면 즐겨라.' 평소 남발했던 평범한 문장인데 '즐겨라'란 말에 감기니 보들보들해진다. 책임을 즐기다? 한결 가볍다. 팔을 쭉 뻗고 고개를 젖히고 하늘을 바라본다.

그럼에도 변함없는 것은 나는 센터가 아니라 사이드를 애착한다는 사실이다.

어느 별에서 오셨나요

지구에서 온 거면 요렇게 생길 수가 없지요. 어느 별에서 온 게 분명한 아가는 바다 '해'에 영특할 '준', '해준'입니다. 나이도 어마무시하게 74일을 먹으셨어요.

존재감이 얼마나 대단한지 태어나면서 가족들의 신분을 한 단계씩 높여 주었답니다. 엄마 아빠에서 할머니 할아버지로, 동생에서 이모로 그리고 따끈따끈한 신랑 신부를 엄마 아빠로 막강한 지위를 선물한 보물단지예요.

제 엄마가 허니문 즈음에 소식이 있어 만삭까지 손목이 나갈 정도로 공부했으니 IQ는 따 놓은 당상이고, 이제 빵살에 두 달 반짜리 인생치고는 어찌나 눈망울이 똘망똘망한지 그 눈빛에 담은 무수한 언어를 보면 EQ 또한 안심해도 될 것 같습니다.

태어난 첫날 병원에서 엄마 젖이 안 나와 밤새 울었건만

초짜 부모는 물론 간호사들도 이유를 몰라 쫄쫄 굶게 했다니 그 때문에 트라우마가 생겨 툭하면 울어댔어요. 오로지 먹고 자고 싸고 다시 먹고 자고 싸는 갓난아기 비위를 못 맞추니 얼마나 갑갑했을까요. 신생아에게 영아산통이 있는 것도 처음 알았습니다. 신참 할머니까지 쌍팔년도 기억으로 잠투정인 줄 알았으니. 울어대는 데시벨이 심각하다고 우는 아가를 끌어안고 응급실로 달려갔어요. 병원에 도착하면 평온하게 잠들어 다시 집으로 돌아오기를 여러 번, 낮보다 밤에 주로 그러니 어른 세 명이 식은땀깨나 흘렸지요. 나중에는 차에 태우고 아파트 주차장을 몇 번 돌면 잠들곤 했답니다.

마흔둘에 늦둥이를 낳은 나는 불과 몇 년 전까지 막내 궁둥이를 만지고 뺨에 뽀뽀하는 수준이라 남들처럼 손주에 대한 기대가 없었어요. 손주가 자식과 달리 광탈하듯 예쁘다고 해도 먼 나라 얘기로 들었지요. 요즘은 아예 만 원을 내고 손주 자랑을 해서 단가가 올랐다고 하지요? 십만 원을 내라 해도 서로 손들고 하고 싶은 심정일 테니 적어도 나는 그렇게 주책 맞은 여인은 되지 않을 자신이 있었습니다.

웬걸? 떠나올 때 꼭 안고 "무럭무럭 잘 커야 해." 하는데 빤히 쳐다보는 눈망울에 울음이 터졌어요. 돌아온 지 한 달이 지났는데도 밑에 깔린 눈물이 아직 마르지 않았습니다. 사무치게 보고 싶어 눈가가 짓무른다는 말이 엄살이 아니었어요. 입바른 소리를 하지 않아야겠다고 절감했습니다.

마음으로는 하루에도 몇 번 미국행 비행기 표를 구매하고 있어요. 산후도우미한테 이어받아 겨우 한 달만 돌보아주었는데도 이 정도면 앓아눕는 상사병을 뛰어넘는 중세 아닐까요. 아무래도 조만간 구실을 만들어 하늘을 가르고 달려갈 듯하네요.

쭈니 앓이가 글로벌합니다. 큰이모는 싱가포르에서, 할마마는 한국에서, 증조할머니는 같은 미국인데도 비행기로 다섯 시간 걸리는 LA에서 목을 길게 빼고 사진 한 컷이라도 얻어 보려고 구걸하고 있어요. 독박 육아를 하고 있는 초보 엄마를 이해는 하지만 인심이 어찌나 야박한지. 그럴 때마다 비행기 표를 검색하곤 합니다.

자그마치 세 명이나 출산하고 길러도 요런 요상한 느낌은 없었어요. 가슴을 저릿하게 하는 그리움도 없었지요. 아마도 그것은 같은 지구인으로 출신 성분이 같았기 때문 아니었을까 싶어요.

그렇다면 우리 쭈니는 어느 별에서 오신 걸까요. 도대체 어느 별에서 왔길래 이렇게 어마어마한 존재감을 심어 놓은 것일까요? 앗! 카톡 소리가 나는 걸 보면 따끈한 사진이 도착했나 봐요. 태평양을 한걸음에 뛰어넘어 감상하러 갑니다.

누명을 벗다

　동생네 기쁨이가 왔다. 관절에 이상이 생겼다고 유모차를 아니지 견모차를 타고 왔다. 아들 둘이 다 미국에 있다 보니 외로운 동생네는 강아지를 입양했는데 그것이 기쁨이다. 견종이 킹 찰스 스패니얼, 영국 귀족견이라 비주얼도 귀티가 나지만 행동도 아주 점잖은 녀석이다.
　어찌나 순둥순둥한지, 가끔 우리 동네에 모임이 있으면 나한테 맡기고 가는데 지나칠 정도로 얌전해 손 가는 일이 없다. 소파에 누워 코까지 골며 자는 모습을 보면 저 녀석이 전생에 사람이었지 싶고, 아니라면 내생에는 반드시 사람이 될 거라는 생각이 들고, 그것도 아니면 부디 그러라고 마음을 낸다.
　무섭게 내리꽂는 비가 그쳤길래 산책을 나갔다. 얼마 전 태어난 손녀는 한 달 만에 떠나와 유모차도 한 번 태워보지 못했는데 개 유모차라니, 남우세스러웠다. 평소 다른 사람의 그런 모습에 혀를 차고는 했는데 내가 그 꼴이 된 것이다. 이런 내 심사를 아는지 모르는지 녀석은 너무도 당당하고 너무도 천연덕스럽게 임금님 행차하듯이 견모차에 앉아 그 시간을 즐기고 있었다.

견공도 어떤 주인을 만나느냐에 따라 팔자가 달라진다. 동생네처럼 딱 셋째 아들 키우듯 사랑으로 보살피는 것을 보면 기쁨이는 개의 신분으로는 상팔자에 속한다. 녀석을 보고 있자니 몇 개월 전에 만났던 스컷이 생각났다.

스컷은 돈을 버는 견공이다. 버그가 출현하면 냄새를 맡아 그 행방을 알려주는 개의 이름이다. 한 번 출동할 때마다 평균 500달러를 받으니 시간당 소득이 웬만한 성인보다 높은 고소득 견이다. 뚱뚱한 중년의 주인은 주머니에 간식만 잔뜩 넣으면 되는 것 같아 보였다. 그 녀석을 청하게 된 것은 실로 어처구니없는 사건 때문이었다.

필라델피아 딸네 도착해 첫날도 아닌 이틀째 되던 날, 시차를 줄이기 위해 수면제를 먹고 잤다. 다음 날 일어나 보니 정신없이 곯아떨어진 사이 팔다리를 물린 자국이 수두룩했다. 사위가 사진을 찍어 인터넷을 찾아보더니 물린 형태나 모양이 베드버그bedbug한테 물린 것 같다 했다. 베드버그는 우리나라 60년대나 볼 수 있던 빈대였으니 망신도 이런 망신이 없었다. 만삭인 딸이 언제 진통이 올지도 모르고 새로

태어난 아가가 잘 방인데. 방 전체를 소독하고 다음 날은 거실 소파에서 잤다. 그런데 그날 밤 다시 몇 군데를 물렸다.

수포가 생기고 가려운 것은 문제가 아니었다. 머리털이 쭈뼛하고 소름이 돋았다. 덮었던 이불과 베개 쿠션은 물론 소파까지 싹 내다 버렸다. 소파는 사위가 캐나다에서 올 때 산 것이라 사연과 추억이 제법 되는 것이었지만 이것저것 따질 형편이 아니었다. 무조건 버리는 게 최고의 방역이었다. 도대체 어디서 딸려 온 것일까.

LA에 5일간 머물렀어도 별일 없었는데 부모님 댁도 수사선상에 올랐다. 갑자기 나는 죄인 아닌 죄인이 되어 심장이 타들어갔다. 혹시 비행기 짐칸에 실은 트렁크로 침입한 걸까. 도대체 어떤 경로로 여기까지 딸려 온 걸까. 물린 자국도 벌겋게 성이 나 나처럼 노여워하고 있었다.

침대 커버는 방충 커버로 씌우고 트렁크 옷들은 다 뜨거운 물로 빨고 고열로 건조, 줄어들 옷은 버릴 각오로 서랍장 딸네 옷까지 죄다 세탁했다. 내가 잔 방은 금고 털듯 탈탈 털었다. 그러고도 부족해 베드 검거 단속반 반장인 사위의 지시대로 검은 봉투에 옷가지는 옷가지대로 트렁크는 트렁크대로 물건들을 다 집어넣었다. 집안 풍경이 가관이 아니었다. 특히 거실은 소파가 있던 자리에 크고 흉측한 검정 봉투가 차지하니 여지없이 피난민, 이재민, 수재민을 합친 신세였다. 그런 것을 지켜보는 심정이 처참했다. 어쩌다 내 신세가 이렇게 됐나 싶어 도망치고 싶었다.

내가 도착하기 며칠 전 딸 부부도 마이애미로 시험을 보러 다녀왔다. 호텔에 벌레가 있어 다른 곳으로 옮겨 용의선상에 있었지만 둘은 멀쩡하고 나만 뜯기다 보니 영락없이 내가 주범으로 몰렸다. 아파트 관리실에서 나온 버그 전문가는 플래시로 샅샅이 조사한 뒤 버그가 없다는 소견을 말했다. 그래도 미심쩍어 사방에 끈끈이를 설치해 놓고 3일 후에 다시 보자 했다.

그사이 사위는 아기가 태어나기 전에 완벽한 퇴치를 위해 베드버그를 잡는 개를 부른 것이다. 예약한 날, 거구의 백인 남자가 나이가 꽤나 들어 보이는 견공을 데리고 왔다. 제법 형사 같은 포스가 느껴졌는데 이름이 스컷이라 했다. 녀석은 냄새를 맡아보고 베드버그가 있다 싶으면 거기를 앞발로 긁는다고 했다. 드디어 간식을 얻어먹은 스컷의 수색이 시작되었다. 딸 부부 침실에서 앞발은 부동의 자세였다. 다행이었다. 그러나 내가 자는 방에 오더니 스컷은 열심히 긁어대기 시작했다. 내 침대, 내 트렁크는 물론 딸 부부가 여행에 갖고 갔던 트렁크와 메고 갔던 배낭까지 고루 긁었다. 머리가 하얘졌다. 우짤꼬, 스컷의 현장 탐색 결과 내 방은 베드버그의 소굴이었다. 그래도 유독 심하게 긁은 것이 둘이 여행 때 메고 간 배낭이란 사실과 그 배낭이 내가 잔 방에 있었다는 게 큰 수확이었다.

나는 더 이상 물리지 않았는데도 스컷의 방문 이후, 계속 온몸이 스멀거렸다. 3일 후 버그 전문가가 와서 끈끈이를 살펴보고는 베드버그가 없다고 결론 냈다. 아마도 내다 버린 소파와 이불에 붙어 있다 우리가 선수 치는 바람에 쓸려간 게 틀림없었다. 한 번 생기면 박멸하기까지 꽤 고약하다는데 베드버그가 감쪽같이 사라지다니, 불가사의한 일이었다. 밤마다 침대에 앉아 올린 '관'이 통한 것일까? 간절하고 곡진한 심정이 미물도 감동시킨 것일까? 아무튼 베드버그는 사라졌다.

결국 스컷은 돈만 챙기고 사기를 친 셈이다. 그러나 나한테는 은인이었다. 혼자 뒤집어쓸 뻔한 누명을 벗겨준 녀석의 앞발은 내게 구원의 발길이었다. 스컷이 아니었다면 한동안 나는 죄책감에 꼼짝없이 감옥살이를 하였을 것이다.

영특한 아가는 이런 난리 블루스를 눈치챘는지 예정일을 훌쩍 그것도 아주 훌쩍 넘기고 여유 있게 태어나셨다.

양量을 키우는 여자

나는 간판 보는 것을 좋아한다. 특이한 상호에 웃음 짓기도 하고 기발한 아이디어에 무릎을 치기도 한다. 고속도로를 달릴 때나 혹은 복잡한 강남역을 지날 때 적재적소에 떡 버티고 있는 광고들을 보며 혀를 내두르기도 했다.

지금도 잊히지 않는 광고 문구가 있다. 두 아이가 공부하는 LA에 머물 때였다. 친정집에서 아이들 집까지 20분 정도 걸렸는데 올림픽과 세인트루이스가 만나는 사거리 코너에 입간판이 있었다. 중년 커플이 온화한 미소를 짓고 있는 그 아래에 쓰여 있던 글씨가 가슴에 와 박혔다.

'Invest in you!'

너에게 투자하라, 나에게 투자하라, 스스로 투자하라는 소리잖아. 저게 과연 무엇을 광고하는 걸까. 나머지 밑에 있는 글을 읽기도 전에 초록 불이 켜져 차는 출발했다. 나머지 것은 그다지 궁금하지 않았다.

  나는 한동안 그 멋진 문장에 사로잡혔다. 마치 아이들이나 남편의 성공이 나의 성공인 양 두루뭉술하게 살았던 내게 그것은 화두처럼 머물렀다. 마침 막 글공부를 시작하고 있던 차였다. 그동안 몇 가지의 시도가 다 실패로 끝났기에 글쓰기는 내게 마지막 투자 같은 거였다. 마치 그것을 응원이라도 하듯 그렇게 크게 광고를 하고 있었다. 제대로 해보리라. 입술을 지그시 깨물었다.

  그러나 불행하게도 수년이 지나도 나는 아직 영업이익을 내지 못하고 있다. 수요일마다 열심히 수필 수업에 출근 도장을 찍고 부원들과의 관계도 원만, 선생님인 사장님께도 충실하고 또한 성실한 사원으로 인정받고 있지만, 이익 창출은 요원한 얘기였다. 그렇다면 전업하거나 투자 대상을 바꿔야 하는데 난 일을 놓지 못하고 있다. 나의 투자 조건은 무조건 '좋아야'가 전제가 되어야 하므로 다른 곳으로의 이직이나 취업은 꿈도 꾸지 않았다.

  내가 말하는 사업의 성공은 어떤 것일까. 책을 내고 그것이 베스트셀러가 되고 독자가 오래 기억하는 수필가가 되는 것? 그건 내가 재벌이 되는 것처럼 불가능한 일이다. 나는 단지 소박하지만 잔잔한 울림이 있고, 멋지게 치장하지 않아도 읽는 이에게 공감의 시냇물을 흐르게 하는 그런 글을 쓰는 것, 그런 작가가 되는 것, 그것이 내가 생각하는 이 세계에서의 성공이다.

　소싯적에 남보다 덜 공부했고, 덜 꿈꾸고, 덜 치밀하게 살았으므로 총질량으로 따져보면 나는 인생 후반기에 젖 먹던 힘까지 다 쏟아부어야 한다. 지름길은 어디에도 없는 것을 아니까. 세월과 점점 반비례해 가는 감성과 기능을 보면 맥이 빠지지만 그래도 끊임없이 세뇌한다.

　'양量이 질質을 만들 거야. 많이 쓰고 많이 노력하면 조만간 그런 글을 쓰게 될 테니, 너희들 너무 빨리 도망치지만 말아다오.'

　그런데 그 양마저 키우질 못하고 있다. 사람이 대차지 못하다 보니 몇 년 후 끌려오다시피 책 만드는 일에 뛰어들었다. 남의 글을 보고 남의 글을 싣고 남의 글을 교정하다 보니 실제로 글 쓸 시간이 없었다.

　그래도 멈출 수는 없었다. 기왕 이 길로 나선 것 비상 대책을 세웠다. 쓰는 양보다 읽는 양을 늘리자고. 어떤 식으로든 쓰거나 읽거나 양은 질을 구축할 테지. 적어도 백 권의 책을 읽어야 제대로 글 한 편이 나오는 것 아니냐는 선생님의 호된 가르침도 상기하며 머리털을 곤추세웠다.

　모니터를 가득 채운 남의 글들로 모자란 양을 채워나갔다. 오가며 한 시간씩 걸리는 지하철 도서관도 한몫했다. 넘치면 넘치는 대로 부족하면 부족한 대로 다른 이의 글은 그 작가가 거장 '무라카미 하루키'거나, 한적한 도시의 이름 없는

'수필가'라도 모두가 스승이라 배울 점이 있었다.

  그렇게 목까지 차오른 양들이 음매 거리면 가끔 한 편씩 작품이 되기도 한다. 어떤 글감이든 내게 오면 저 푸른 초원 위의 그림 같은 집을 뚝딱 만들게 될 거라는 신념에 자부심을 갖는다. 그리하여 나는 오늘도 꾸준하게 다양한 양羘을 키우고 있다.

안녕하세요~

아침마다 '나에게 유익한 하루가 되자!' 하니 살짝 유치했다. '남에게 유익한 하루가 되자!'니 글쎄, 어쩐지 가식적으로 느껴졌다. 본인은 빼시고? 그렇다면야 결론은 하나. '나와 남이 동시에 유익한 하루가 되는 것!' 그렇게 정하고 아침 명상을 시작한 지 햇수가 꽤 된다. 그러다 보니 늘 전제조건이 되는 문장이 있다.

"안녕하세요~."

뒤에 물음표를 붙여보니 영 가볍다. 느낌표를 붙이니 어색하고, 은근하게 물결 이모티콘을 붙이니 제대로 안부를 챙기는 것 같다. 114 안내원의 쾌적한 '솔' 음이 아닌 '미' 정도의 편안함으로. 억양이 잘못 개입하면 경박하거나 성의가 없어 보이니 조심해야 한다. 경상도나 전라도를 비롯한 사투리를 제외하고는 일정하게 미미미미#미, 16분음표를 쓰되 마지막엔 반음 정도 올리고 8분음표로 끌어야 진심이 들어간다. 잘 못하다 꼬리를 길게 끌면 장난처럼 여겨지니 조심해야 한다. 이런 조건으로 인사를 건네야만 상대를 '안녕랜드'로 데려올 수 있다.

'안녕하세요~'는 햇살이다.

일산에서는 1층에 살아 이웃과 인사를 나눌 기회가 없었다. 그 후 서초동에서는 6층에 살았다. 한 층에 3세대가 배치돼 같은 엘리베이터에서 자주 대면했다. 처음 이사해서는 엘리베이터 안에서의 짧은 시간도 서먹해 숨 참듯 말도 참았다. 내내 비겁하다는 생각이 뒤통수를 따라왔다. 어느 날 미소를 머금은 채 '안녕하세요~' 했더니 의외로 반가운 반응이 집 안까지 따라왔다.

그날도 말랑하게 인사를 던지고는 6층을 누르는데 갑자기 6층에 사시냐고? 그 집에 2학년짜리 딸이 있냐고? 어찌나 인사를 잘하는지 그 인사를 받고 나면 하루를 선물 받는 느낌이라고, 아마 대한민국에서 가장 인사를 잘하는 아이일 거라고, 어떻게 그렇게 잘 키웠냐는 칭찬 릴레이였다. 그것에 쑥스러워하는 나와 달리 고백하는 그녀 뒤로 무지개가 떴다. 그렇게 아이는 입주민은 물론 방문객이나 배달하는 분한테도 인사를 했다. 나중에 너 저 사람 알아? 하면 아니? 그때 알았다. 분별이 들어간 나하고 전체를 하나로 보는 아이하고 차원이 다르다는 것을. 수지로 이사를 하고 아이가 워싱턴으로 떠난 후에도 나는 그 햇살을 이어받아 화사하게 그 몫을 잘 해내고 있다.

'안녕하세요'~는 훈풍이다.

지금은 9층에 살고 있다. 작년 말 3층에 사는 노부부가 우리와 16층 교수 부부를 저녁에 초대했다. 세 부부 모두 경이롭다며, 이웃사촌과 부부끼리 만난 것은 결혼 50년 만에 그리고 40년 만의 첫 사건이라 했다. 아파트 생활의 한계일까. 평평한 마을을 벗어나 위로 솟구치면서 우리의 풍경은 삭막해졌다. 아파트 발전위원이란 타이틀로 뭉친 남자들이 제법 되는데 어떤 기준으로 우리 두 부부만 간택이 된 건지. 밥값만큼이나 비싼 차를 마시며 그 이유를 알게 되었다. 모두 자식을 다 외국에 보내고 부부만 사는 세대였다. 3층 내외분은 아들만 셋인데 큰아들은 홍콩에, 쌍둥이인 두 아들은 휴스턴에 살고 있다. 두 분만 지낸 지 20년이 넘는다니 외로움에 굳은살이 생긴 부부시다. 16층은 아들만 둘. 큰아들은 스페인에, 작은아들은 뉴욕 유명 레스토랑 셰프라 했다. 그 부부는 미국과 한국에 오가며 살다 본격적으로 한국에서 정착한 지 얼마 되지 않았으나 둘 살이에는 익숙해 보였다. 우리는 딸 셋. 둘은 미국에 하나는 싱가포르, 부부만 산 지는 5년 차라 아직도 둘인 게 뜨끔뜨끔한 초보.

정식으로 이웃과 무릎을 맞대고 '안녕하세요~' 할 수 있어 고마웠다. 겉으로는 멀쩡해 보여도 가슴 시린 동지들이었다. 공통화제가 그 밤으로 끝날 것 같지 않았다. 피치 못하게 떨어져 살 게 된 이야기는 다 같았다. 아이들이 외국에서 공부하고 이어서 자리 잡다 보니 그렇게 된 것이다. 남의 남자가 된 아들에 대한 서운함을 들을 땐 내가 대한민국 장모 대표라도 되는 양 괜히 미안했다. 듣기 좋으라고 딸 셋이면 금메달이라고 했지만 멀리 떨어져 있어 우리 부부도 메달권 밖이긴 마찬가지다. 자식과 함께 살 비비고 사는 모습이 부러운 사람들이지만 다행히 익숙해지는 것만큼 힘이 센 것은 없지 않을까. 다들 잘 견뎌내고 있다. 멀리 있는 자식들 대신 자주 보며 안녕을 챙기자는 말이 훈훈한 봄바람이었다.

'안녕하세요~'는 공기다.

며칠 전, 지하철 안에서 구걸하는 시각장애인을 만났다. 책을 읽고 있었는데 희미하게 찬송가 소리가 들렸다. 점점 가까워지는 게 뻔하기에 지갑 속을 스캔했다. 마침 오천 원짜리가 있었다. 눈이 안 보이는 그는 느릿느릿 천천히, 그러나 균형을 잡지 못하고 건너편 자리 쪽으로 붙어 걸었다. 가끔 승객의 발에 걸리면 바구니에는 돈보다 짜증이 담겼다. 내 자리에서 그분에게 닿으려면 일어서서 두서너 걸음 옮겨 팔을 뻗어야 했다. 그 사소한 사실이 나를 망설이게 했다. 결정을 내리지 못하는 동안 그는 경로석 쪽으로 향하고 조금만 더 걸으면 다음 칸으로 이동하기 위해 문을 열게 생겼다. 지금이라도 다가가서 그의 바구니를 행복하게 해 주고 싶었다. 그가 가짜 맹인이고 못된 조폭이 뒷배에 있더라도 그에게 꼬리표를 붙인 안녕하세요~를 챙기고 싶었는데, 그를 빈 바구니로 떠나보냈다. 결국 나는 그와 나의 유익을 놓쳤다.

  그래 놓고 나는 잘 익어가고 있다고 합리화한다. 공기를 마시듯 자연스럽게 행동하면 되는 것조차 못하면서 무엇을 한다는 것일까. 적어도 그날 나는 아주 비겁했고 제대로 낡았다. 남을 의식하지 말고 아니 의식했다면 더욱 당당해야 했다. 두고두고 후회되면서 부끄러웠다. 선행을 베푸는 데 용기를 내는 것이 이 사회에서 내가 맡은 역할이 아닐까 싶다. 그런 차원에서 안녕하세요~는 공기다. 아무 대가 없이 마시는 공기처럼 조건 없이, 분별없이 나누어야 할 것이다.

원 여사의 도전

우리는 부부별성을 쓰지만, 미국은 부부동성을 쓰고 있다. 결혼하면 남편 성을 따르는 혼인제도이다. 거의 90%에 육박하는 영국보다는 적지만 그래도 미국이 70%나 된다니 놀랍다. 라이선스를 가진 전문직이나 주기적으로 논문을 발표하는 학자들 소수만 자기 성을 쓰고 일반적으로는 남편 성을 따른다고 한다. 그것이 법으로 정해진 일본과 달리 선택을 할 수 있는 미국에서 그런다니 의외라는 생각이 든다. 더군다나 문화와 정서가 리버럴한 나라에서의 일이라 쉽게 이해가 되지 않았다. 그 이유 중 하나가 가족으로서의 일체감을 느낄 수 있어서라니, 죽을 때까지 자기 성으로 사는 우리나라 여성들이 오히려 더 독립적이지 않나 싶다.

그래서 엄마도 장영희 여사가 아니라 원영희 여사가 되셨다. 큰동생 원혜란도 강혜란으로, 둘째 동생 원미란도 서미

란으로 바뀌었다. 로마에선 로마법을 따른다는 심정으로 다들 그러려니 했을 것이다. 은행 거래나 각종 세금을 낼 때도 더 편리하니 그랬을 것이다. 원 플러스 원 같은 심정이었을까.

원영희 여사는 기독교 나라에서 뚝심 있게 절에 다니셨다. 속리산 말사인 전통 사찰이었는데 그곳에서 주로 고향 친구 같은 할머니들과 친목을 나누고 한국에서 삼각산 문수사에 올라 자식 잘되라고 빌었던 것처럼 부처님께 엎드려 정성껏 빌곤 하셨다.

십여 년 전, 아이들이 LA로 유학하러 갔을 때 나는 한마음선원과 인연이 되었다. 크리슈나무르티가 '인생에서 위대한 예술 중의 하나'라고 정의한 명상의 한 형식인 관觀을 하는 곳이었다. 마음공부는 긴 방황을 끝내게 했다. 원 여사는 섭섭했다. 손녀들을 데리고 본인이 다니는 절에 가 자랑하고 싶었는데 제 엄마 말만 들으니 맘에 들지 않았다. 나 역시 조심스럽게 마음공부를 꺼내면 각자 방식대로 하자며 손사래를 치는 모습에 마음을 접었다.

올해 3월, 손녀를 봐주기 위해 한 달간 뉴욕에 머물렀다. 뉴욕에 도착하니 뜻밖의 소식이 기다리고 있었다. 원영희 여사께서 LA 지원에 나가신다는 것이다. 반갑지만은 않았다. 팔십 중반도 넘은 나이에 사찰을 옮긴다는 게 쉬운 일은 아니니까. 굳어질 대로 굳어진 기복적인 믿음을 바꿀 수 있을까. 스님들과 신도들한테 대접만 받으시던 습을 고칠 수 있을까. 원 여사의 느닷없는 결정이 놀라워 이것저것 걱정이 앞섰다. 미국에 가기 얼마 전 미장원에서 옆자리 손님한테 들은 얘기도 남의 일 같지 않았다.

손님으로 온 분이 나이도 들고 지병도 있어 오랜 미국 생활을 접고 한국에 돌아왔는데 교회를 다니고 싶어도 반기는 곳이 없다고 했다. 그분의 오해였을지도 모르나 혼자 거동도 불편하시니 그럴 수도 있겠구나 싶었다. 원 여사께도 충분히 일어날 수 있는 일이었다. 남동생이나 여동생이 없이 팔십 중반에 혼자 새 학교로 전학가시는 셈이니 여러 가지로 걱정이 되었다.

"힘드실 텐데. 그래서 다니던 절에 그냥 다니시라 한 건데."

"엄마, 난 할머니 마음공부 하시라고 마음 많이 냈어."

아차 싶었다. 큰애 말이 맞았다. 다른 사람들한테는 최상승법이라고 함께 공부하자면서 정작 엄마한테는 번거롭다고 계속 밖으로 끄달리게 했다. 내 생각이 부족했다. 보이스톡으로 틈 나는 대로 엄마께 안으로 놓는 법을 설명해 드렸다. 뭐가 그리 어렵냐고, 선원 가서 법문만 들으려 하면 졸음이 쏟아진다고 하시면서도 엄마는 발걸음을 멈추지 않으셨다. 얼마 전까지 너는 너 방식대로, 나는 내 방식대로 하자던 이전의 엄마가 아니셨다.

한국에 오는 길에 부모님께 들렸다. LA에 도착하는 날이 토요일 밤이었다. 다음 날, 원 여사를 모시고 선원에 갔다. 몇 년 만인가. 아이들이 공부할 때는 방학 때마다 찾은 곳이기도 했다. 원 여사의 지원군으로 나선 나는 그동안 엄마를 챙겨주신 지원장 스님과 안면 있는 신도들께 감사 인사를 드렸다. 그리고 각별히 엄마를 부탁했다. 다음 달부터는 노인 법회도 함께하자는 노보살님들은 얼마 남지 않은 이생의 좋은 도반이며 동반자가 될 것이다.

원 여사는 높은 산처럼 힘들어도 일요일마다 법회에 참석하신다. 모든 지원을 다녀봐도 LA지원 공양이 제일 맛있으니 점심 드시러 간다 생각하시라고. 밥을 맛나게 드시다 보면 법도 알게 될 거라 했더니 기가 막히신지 웃으셨다.

"그래그래, 당최 뭐가 뭔지 몰라도 부지런히 다녀볼게."

평생을 하늘같이 공경한 부처님인데, 감히 엄마가 곧 부처라 생각하라니 불경스럽게 느끼실 엄마. 물방울이 결국 바위를 뚫듯이 더디고 느려도 언젠가는 그 도리를 알게 되실 것이다.

매사 당신이 예수님이고 부처님이라는 아버지의 아내답게 원영희 여사도 당당하게 '자성부처'로 여생을 사셨으면 좋겠다.

아직 한창인 팔학년 오반, 원영희 여사의 도전을 응원한다.

당신은 내가 불러야 하는 노래

 기댈 곳이 필요했다. 사람들 모두 각자의 이유와 공동의 이유로. 본격적인 코비드가 2020년 벽두부터 요란했다. 숨을 곳이 필요했다. 내가 전염이 될까도 걱정이지만 행여 보균자가 되어 피해를 줄까 더 두려웠다. 당연한 의무인데도 성숙한 시민의식, 국민의식이란 과대포장에 민망해 더 마스크 속으로 칩거했다.
 갈 곳 없는 대다수의 발길은 각자 집으로 향했다. 시시각각 뉴스를 접하기 위해 TV를 끼고 살았고, 마침 흥이 많은 국민의 DNA를 겨냥한 〈미스터 트롯〉이 절정을 이뤘다. 처음부터 관심이 뜨거웠으나 코로나 때문에 주로 집에 머물다 보니 시청률이 폭주했다. 온 나라가 젊은 남자들의 꺾기로 들썩였다. 매주 누가 살아남을까 하는 긴장으로 목요일엔 잠시 코로나로 인한 회색빛 현재를 잊게 했다.

'뽕짝'이라고 깃털 취급하던 사람들까지 성악전공자의 출연에 모니터 앞으로 소집했다. 〈미스터 트롯〉은 스토리텔링의 성공이기도 했다. 참가자들의 굴곡진 환경과 오랜 무명시절을 거친 절절한 사연이 한몫했다. 트로트의 대약진이었다. 팬클럽도 방탄소년단의 '아미'가 무색할 정도로 폭풍 성장을 했다. 프로는 종영되었지만 목요일 밤은 계속 다른 버전으로 곰탕 우리듯 울궜다. 결승에 오른 일곱 명은 출연료가 몇십 배 뛰어 '백마 탄 왕자'가 되었다.

나 역시 성악전공자한테 입덕했다. 가깝게 지내던 오십 대 초반의 스님께서 4개월의 투병 끝에 입적하셨을 때, 그 아픔을 그가 부른 〈천상재회〉로 버텼다. 듣고, 듣고 또 듣고. 노래가사처럼 '천상에서 못다 했던 사랑을 영원히 함께'하고 싶었다. 덕분에 상처가 많이 꾸덕해졌지만 재탕, 삼탕, 사탕하는 트로트에 싫증이 났다.

마침 크로스 오버 남성 4중창 결성 프로젝트인 〈팬텀싱어 3〉가 시작되었다. 1회부터 애청하던 프로인데 3회에 접어든 경연은 무시무시한 유령들로 어느 때보다 글로벌했다. 매번 어떻게 사람의 소리가 저토록 아름다울 수 있나 싶어 프로그램 타이틀을 휴먼싱어가 아닌 팬텀싱어로 정한 것은 신의 한 수라는 생각이 든다. 참가자 하나하나가 모두 마성의 매력을 가져 망설임 없이 그들에게 영혼을 털렸다. 역시 나는 성격대로 꺾기보다는 직선으로 뽑아내는 장르가 취향에 맞았다.

그중에도 국악을 전공한 소리꾼과 예일 음대 출신 테너의 듀엣은 상상을 벗어났다. 쿠바 음악인 〈너는 내가 노래해야 하는 음악이야〉는 화면에 뜨는 우리말 가사를 보니 온몸이 감전된 듯했다. 두 천재를 따라 쿠바로 빠져들었다. 노래는 이미 아바나의 골목길과 대성당의 광장과 공원을 가득 메우고 있었다.

> 7월의 어느 날 공원 한가운데서
> 네 이름이 스피커에서 나오는 것을 듣고
> 집집마다 네 이름을 부르는 것을 느끼고 싶어
> 넌 행복과 너무 닮았어
> 그렇게 얻기 힘든 행복과 수정할 필요없는 색조와
> 제일 자연스런 예술의 아름다움
> 넌 내가 노래해야 하는 음악이야

와사비 덩이를 통째로 삼킨 것 같았다. 눈과 귀에 감탄이 퍼지더니 둑방이 터졌다. 한계를 넘나드는 노마드한 고음과 바닥을 훑는 한이 서린 저음의 콜라보는 천상계와 지상계를 넘는 변증법적 합일이었다. 절로 눈이 감겼다. 여기는 어디인가? 벌겋게 상기 된 시야에 들어 온 것은 노천카페에 앉아 모히또를 마시는 헤밍웨이였다. 그도 나처럼 노래에 취해 있었다. 굳이 말을 나누지 않아도 교감할 수 있었다. 우리는 노래를 듣는 게 아니라 삼키고 있었다. 감동의 여진이 오래오래 계속 되었다.

둘러보니 세상은 노래 천지였다. 내가 부르는 혹은 누군가 부르는 또는 모두가 부르는 노래로 가득 차 있었다. 사람들은 각자 나름의 음표를 가졌고 리듬과 가사를 갖춘 악보였다. 아주 밀접하거나 소원하거나, 영향이 크거나 미미하거나 과거나 현재 그리고 미래의 소소한 관계까지도 나 아니면 너, 아니면 모두가 부르는 그리고 불러야 하는 노래였다. 인연마다 마음의 음파가 속속들이 흐르고 있어 나는 기꺼이 매번 노래를 부르고 있었다.

상대의 희로애락에 맞추어 어떤 때는 라르고로 장중하게, 어떤 때는 안단테로 은밀하게, 어떤 때는 경쾌하게 알레그로로. 마음이 당신이란 음률을 읽고 장단을 맞추면서 다채로운 언어로 가사를 채우면, 그 노래는 청록으로 우거진 숲길을 달리고 그 끝에서 만나는 광활한 바다에 이르면 하얀 포말을 일으키는 파도와 내리쬐는 은빛 햇살이 눈이 부시게 당신과 나를 은유하곤 했다.

악보는 사람에게만 있는 게 아니라 존재하는 모든 것들로 이어진다. 관계와 관계도 음표로 이어진다. 산사의 새벽에 모든 축생을 위한 둥~둥~ 북소리, 지옥까지 뚫고 들어가 남김없이 제도하는 범종 소리, 눈먼 물속 중생을 위한 목어와 하늘을 나는 생명을 구제하기 위한 운판이 노래를 부르고 있지 않은가. 그런 사물처럼 이 삼라만상도 결국은 다 음악인 것이다. 누구나 부를 수 있고 누구나 들을 수 있는.

  언젠간 시간이 멈추고 이생의 불꽃이 꺼질 때까지 나는 나와 인연 된 것들을 노래할 것이다. 그래왔던 것처럼. 함께 존재하는 것에 대한 축복의 마음으로 당신을 위한 노래를 멈추지 않을 것이다. 숨이 다할 때까지, 당신은 내가 불러야 할 노래이기 때문이다.

(2020년 《금강》 7·8호)

사람, 그 속으로

　나는 사람에 대한 호기심이 많다. 누군가를 만나면 마치 주민 센터 직원처럼 인적 사항이 궁금해진다. 그러고는 단세포적인 호기심을 '사람을 좋아해서'라고 변명한다. 지나친 관심은 선입견을 불러오기도 하나 내 경우는 대부분 상대에 대한 호감을 높이거나 이해하는 데 도움이 돼 순기능이다.

　요즘은 말보다 글로 사람을 만난다. 코로나의 횡포도 아랑곳 하지 않고 글로 책을 만드는 주문이 활발해졌기 때문이다. 내가 사는 세상보다 낫거나 다르거나 다양한, 저마다의 세속에 있는 사람을 만나고 있다. 말도 글도 책도 결국은 사람을 향하는 일이다. 한 사람이 다른 사람 속으로 들어가는 일이다.

　철학자 최진석은 인문학을 '인간이 그리는 무늬'라고 비유했다. 그렇다면 책은 각자의 '인생이 그리는 무늬'라고 비유

해도 되지 않을까. 삶의 모습이 다르다 보니 그들의 책에는 그들 인생이 들판의 풀꽃처럼 피어있다. 어제의 오늘들이 모여 체험과 기억과 추억으로 생의 나이테를 그려내고 있다.

최근에는 만난 세 사람은 아주 유니크했다. 그들은 각각 앤 설리번 선생이었고, 감독 봉준호였고, 여성 지휘자 안토니아 브리코였다. 희생과 실험과 조율. 지나친 감정이입이 무리수를 둬 몸살이 왔지만 으스스한 한기가 오히려 만족스러웠다. 노골적으로 욱신대는 몸의 신음도 짜릿했고, 뻑뻑하고 벌겋게 충혈된 눈도 미더웠다. 마조히스트의 자학적이고 불편한 쾌락처럼 몸의 불편이 이상야릇한 쾌감을 주었다. 역시 나는 사람을 사랑하는 체질인가 보다.

첫 번째 작가는 나보다 험난한 무늬를 가졌다. 의료사고로 인한 아버지의 실명, 병치레로 장애를 갖게 된 어머니. 우여곡절 끝에 대학까지 공부를 마치고 결혼해서도 운신이 힘든 시아버지 수발에 시어머니의 대들보가 되어야 했다. 급기야 몽골 여인과 이혼한 남동생의 조카들까지 딸처럼 키우고 있는 감동 스토리는 내게서 '불만'이란 단어를 삭제했다. 오뉴월 햇볕을 십 년이나 더 쬔 나보다 어른스러웠다. '길가의 돌 하나, 풀잎 하나도 다 스승'처럼 섬기며 삶을 웅숭깊게 끌어안는 작가는 한동안 나를 돌아보게 했다. 나는 책을 만든 게 아니라 비탈진 곳에서 균형 잡는 그녀를 배우고 있었다.

두 번째 작가는 나보다 열정적인 무늬를 가졌다. 의사라는 건조한 직업에 다양한 방법으로 음악을 입혔다. 첫 수필집이 '원치 않은 임신을 해 낳은 아기' 같았다는 그의 두 번째 수필집은 초궁정으로 가는 통로였다. 가지 않은 길을 그는 큰 걸음으로 성큼 걸었다. 색소폰, 대금, 단소 등을 배우며 환자를 즐겁게 연주했고 카메라로 피사체를 맞추듯 섬세하게 병을 치료했다. 모교에 수필 상까지 제정해 매년 일정 상금을 기부하고 있는 그는 수필의 미래를 열고 있는 작가다. 일상을 낯설게 보고 실험적으로 접근한 책 제목이 《도레미파#솔》인 것은 너무도 당연했다. 나는 책을 만든 게 아니라 너무도 인간적인 그의 연주를 감상하고 있었다.

  세 번째 작가는 나보다 버라이어티variety한 무늬를 가졌다. 미국에 이민 간 지 30년이 된 작가는 세련된 문체와 참신한 소재로 읽는 내내 다음 작품을 궁금하게 했다. 70대에도 불구, '나이는 숫자에 불과하다'라는 것을 증명하고 있었다. 시애틀에 가기 전에 살던 뉴욕에 대한 묘사는 한때의 그곳에서 정지된 사진을 소환했고, 그 거리와 코너의 베이글 집 커피 향을 공유하게 했다. 사물을 보는 개성적 관점과 독보적 해석은 소설을 쓰던 필력과 함께 깊은 내공을 느끼게 했다. 교포의 일상을 조곤조곤 들려주는 찰진 그녀의 문체는 훔치고 싶은 보석이었다. 그녀에게서 뉴욕필하모니의 최초 여성 지휘자 안토니오 브리코를 떠올린 것은 지당했다. 나는 책을 만든 게 아니라 그녀의 특강을 듣고 있었다.

그렇다고 항상 우수한 작가들만 만나는 것은 아니다. 한 부모한테 태어나도 외모, 성격, 인품이 다 다르듯이 글도 문체와 품격이 천차만별이다. 물론 모두 시적으로 형상화되고 아포리즘이 섞인 일품요리라면 좋겠지만 어떻게 요리만 먹고 살 수 있을까. 가끔은 안남미 같은 나풀대는 쌀밥도 먹고 보리가 섞인 거친 밥도 먹고 스파게티나 카레, 혹은 가벼운 샐러드로 한 끼를 대신할 수 있지 않은가. 그런 차원에서 자전적 수필에 대해 너무 엄격하지 않았으면 좋겠다.

어디든 서열은 존재한다. 그러나 행복은 성적순이 아니듯 글도 마찬가지인 것 같다. 어떤 필자도 있는 그대로 존중받을 권리가 있다. 그러니 잘 쓰는 사람은 앞세우고, 잘 쓰려는 사람은 중간에 세우고, 어찌해도 안 되지만 쓰고 싶은 사람은 뒤에 세워 줄 맞춰 함께 가면 좋겠다. 각자의 색깔로 표현한 고통과 외로움과 기쁨 그리고 적나라한 상실감을 마주하고 단 한 사람이라도 공감할 수 있다면 그것만으로도 우리는 함께 성장하는 것이 아닐까.

전 국민이 글을 쓰고 책을 한 권이라도 내면 좋겠다. 자기의 내면과 화해하고 그것을 꺼내 쓰면 절로 성찰의 삶을 살게 될 테니까. 그렇다면 사회적 반목도 없어지고 우울감과 극단적인 선택과 불특정다수를 향한 폭력도 줄어들지 않을까. 지족하는 마음이 그것들을 따뜻하게 안아 줄 것이다.

부디 이 세상에 왔다 간 흔적을 책으로 남기기를 바란다.

'1인 1책을 냅시다!' 그것이 세상을 맑히는 최선의 비책이라며 소리 높여 외치는 후보가 나온다면 나는 무조건 어떤 자리든 그를 뽑을 것이다.

이런 심경이 허공을 탔는지 또 한 사람이 걸어온다. 절망에 잔뜩 그의 사연을 담고. 나는 맨발로 뛰어나가 그것을 받아 든다. 무엇보다 그가 살아온 인생을 존중하고, 그들의 삶이 얼마나 소중한지를 알기에. 나는 한동안은 기꺼이 그와 그녀의 아바타가 될 것이다.

한가한 전철 안, 맞은편에 앉은 사람이 교보문고 쇼핑백을 무릎 위에 놓았다. 그 종이백의 문구가 통로를 건너 내게로 온다.

'사람은 책을 만들고, 책은 사람을 만든다.'

그렇다면 내가 만든 것은 책이었나, 사람이었나? 참신한 혼돈을 끌어안고 나는 계속 걸어가고 있다. 사람, 그 속으로.

(2020년 《수필과비평》 10월호)

원정란 수필집

작가 님
작가 님
우리 작가님

초판 1쇄 발행 2024년 1월 8일

지은이 원정란
펴낸이 원정란
펴낸곳 도서출판 라니

출판등록 2023년 8월 10일 제2023-000099호
주소 16856 경기도 용인시 수지구 성복1로 91, 107동 902호
전화 070-7799-8938
이메일 rannybook@naver.com

ⓒ 2024 원정란
값 16,000원
ISBN 979-11-984718-1-9 03800

*저자와의 합의하에 인지는 생략합니다.
*잘못된 책은 바꿔드립니다.